PROBLEMI COL CIBO
TRA ANORESSIA, BINGE EATING E MINDFUL EATING

MARTA CASTOLDI

Alle mie pazienti, senza le quali questo libro non sarebbe stato possibile

"Per i momenti di semplicità, per chi rimane e per chi se ne va, per le volte che cammino in questa strada e non so dove mi porterà, per chi aspetta una vita diversa...per chi si vanta di esser forte, io che invece incido un'altra debolezza...Per chi chiede un sorriso e ha mille rimpianti, per chi sogna soltanto, chi si sente un peso, per le volte che ho urlato 'io mi sento diverso'...per chi non si innamora perché odia star bene, per chi invece ama tutti perché il vuoto lo teme, per il panico infame, per chi è ultimo e vale..."

(Cit. "Chiave", Ultimo)

Sommario

PREMESSA

Tutto quello che si legge scritto nel libro è frutto della *mia personale e soggettiva esperienza*, integrata dalla *personale e soggettiva esperienza* delle persone che ho citato e che con i loro pensieri hanno contribuito a redigere parte del libro. Questo libro non contiene *la verità assoluta* sull'anoressia/bulimia/binge eating, non va preso come oro colato, ma come una *"voce" individuale*, la mia discutibile opinione derivata da quanto visto, sentito e letto in oltre 15 anni di pratica terapeutica, ha valenza unicamente soggettiva non totalitaria e generalizzabile, né omnicomprensiva, da cui poter prendere spunto, ma che non necessariamente riflette ed identifica ogni qualsiasi individuo affetto da disturbi del comportamento alimentare e con problemi col cibo.

INTRODUZIONE

"Hai mai pensato a cosa, cosa ti rende felice veramente, cosa è importante davvero per te, hai mai pensato a quanto sia prezioso ogni fottuto istante.....questa è la vita e la vita cambia, a volte può spogliare e lasciare solo la rabbia. L'amore è come un fiore nel deserto io cammino, io lo cerco ma se mi guardo intorno adesso vedo solo sabbia, io vedo soltanto sabbia.....non so dove ma me ne vado, vago senza direzione, c'è una parte di me che muore ad ogni passo finché non collasso e cado vicino a un fiore.....Non sarai mai morto finché il tuo ricordo vive....il buio cala, ma adesso ho questo fiore in tasca e la luna mi illumina la strada.....E fumavamo guardando le stelle, ora qualcuno fa parte di quelle, questi ricordi sono come fiamme ancora bruciano sulla mia pelle....Mi porto dentro tutto quanto, le mie vittorie più dure, le mie sconfitte più belle"

(cit. "Fumo ancora" Mostro feat. Ultimo)

Per un anno, all'inizio della mia attività professionale, ho lavorato in una clinica in Svizzera per i disturbi del comportamento alimentare: è stata un'esperienza forte e decisiva, dopo la quale ho desiderato e scelto di occuparmi in particolare di problemi col cibo. I problemi col cibo possono sottendere un unico termine: affamati. Questa parola può essere letta in due modi a seconda di dove si mette l'accento, affamàti come imperativo e affàmati come aggettivo. Questo termine "affamati", usato come verbo o aggettivo e quindi con diverso significato, vuole spiegare la duplice faccia della medaglia che caratterizza i rapporti col cibo e le lotte di chi vive una relazione difficile con l'alimentazione, con modalità molto diverse, ma con analoghi significati e motivazioni sotto la superficie dell'acqua, come un iceberg di cui si vede solo la punta. Affamati come imperativo: sono tutte le persone che soffrono di anoressia o di modalità restrittive rispetto all'alimentazione. Per loro è come se esistesse un "gufo anoressico" che intima a non mangiare, a sottoalimentarsi, con l'illusione che ciò risolverà qualsivoglia problema. Soffrendo la fame è come se si sentissero meglio, è una sorta di anestesia da tutte le preoccupazioni o i sensi di inadeguatezza che si avvertono, affamandosi provano un momentaneo benessere, nell'identica maniera in cui le persone affamate che si abbuffano pensano di risolvere tutto e tappare i buchi esistenziali attraverso il cibo, loro lo fanno attraverso il digiuno. Affamati come aggettivo: sono tutte le persone che soffrono di Binge Eating e alimentazione compulsiva e incontrollata, le persone con obesità psicogena, che vivono una fame inestinguibile, una fame insaziabile, che tutti i giorni (o quasi) fanno i conti con una fame insopportabile, che nessun cibo potrà saziare, nessun alimento potrà sfamare. La fame che sentono non è una fame reale, è una sensazione di vuoto, un senso di mancanza di sazietà che sottende un'altra fame, quella del cuore. Sono affamati perché cercano di sedare qualsiasi tipo di stato emotivo col cibo, affrontano ogni vissuto, positivo o negativo che sia, con il mangiare. Non è importante se si mangia fino a scoppiare o se si evita di mangiare fino ad avere fame, se si desidera mangiare in maniera incontrollata o restringere con un ferreo controllo, se si divora il cibo in maniera compulsiva o si digiuna in maniera convinta, se si è insaziabilmente affamati o se ci si affama: in entrambi i casi si è legati con la catena al medesimo palo, schiavi dell'alimentazione. Come poter liberarsi dalla catena che tiene prigionieri del cibo e delle soluzioni che illusoriamente esso offre? Come poter fare pace col cibo e di conseguenza con sé stessi?

Avevo passato la mia intera giovinezza a convivere e combattere con un senso di inadeguatezza, un non essere mai abbastanza: mai abbastanza magra, mai abbastanza intelligente, mai abbastanza ricca, mai abbastanza bella, mai abbastanza brava, mai abbastanza sicura, mai abbastanza simpatica o interessante. Arrivata ad un certo punto della vita, quando tutti i miei progetti e sogni di bambina si erano realizzati (un marito meraviglioso, una famiglia eccezionale, il lavoro adorato, una bella casa...) ho finalmente iniziato a sentirmi abbastanza, in tutto!

Facile? Nient'affatto...In fondo, nelle profondità delle viscere può rimanere l'imperativo radicale ad essere perfetta, il non sentirsi mai veramente abbastanza che deriva dal pericoloso anelito alla perfezione, il desiderio che le cose vadano esattamente come vorremmo andassero, pena l'insoddisfazione. Allora è necessario risintonizzare la radio in modo da togliere questa fastidiosa interferenza, un certo qual gusto amaro dato dal pretendere troppo da sé stessi: io, grazie a vicende personali, grazie al mio lavoro come terapeuta e alle centinaia di pazienti - con disturbi alimentari e non - che ho visto e seguito, grazie ai miei figli, grazie a letture ed incontri inaspettati con autori americani e con la Mindfulness, grazie forse soprattutto alla saggezza maturata con l'età, mi sono sentita davvero abbastanza, e sorprendentemente adeguata, adeguatissima. Anzi ben di più, mi sono sentita speciale perché meravigliosamente imperfetta, fiera e consapevole delle mie imperfezioni, che non vedevo più come cose da correggere, come falli nel sistema, ma come tesori da custodire, come ingredienti unici e grandiosi di me stessa. Solo così è possibile accettarsi, che non significa accontentarsi, ma accogliersi esattamente per come si è, senza scuse, senza "quando..." e senza "ma e però", e volersi bene proprio come si è, non come si presume si dovrebbe essere, o come pensiamo ci vogliano gli altri, senza inganni, senza "se solo...". Avvinta nelle relazioni terapeutiche con persone in lotta col cibo, ho desiderato ardentemente poter trasmettere questa mia conquista come per osmosi, poter gridare alle mie pazienti "imparate ad amarvi intanto che siete in tempo, presto o tardi che sia, nessun cibo e nessun digiuno potrà mai porre termine alle lotte con voi stesse e con il mondo, ma solo imparate ad amarvi così come siete". Fin da bambina sognavo di scrivere un libro, magari un libro sulla mia vita, come se a qualcuno potesse importare la mediocre vita di una ragazza di provincia...Invece eccomi qui a scrivere un libro sui problemi col cibo, frutto del mio lavoro come terapeuta e di preziose e importanti ricerche sul tema dei disturbi alimentari. Dice un proverbio "Bisogna rompere le uova per fare una frittata": ecco, questo libro vuole essere un invito a rompere le uova, spezzando la vostra corazza di perfezione, di paure e di invulnerabilità, e vuole diventare una deliziosa frittata che chiunque potrà assaggiare, ma soprattutto che potrà assaporare chi desidera porre termine alle proprie lotte col cibo.

Adoro la canzone posta ad incipit di questa introduzione: ma qual è il fiore che possiamo tenere in tasca, come salvezza nel buio e nel deserto della vita? Credetemi, non è l'amore per l'uomo o la donna della vostra vita, non sono i figli, non è la famiglia, non è il denaro né il lavoro dei vostri sogni, è soltanto l'amore per voi stessi! Ognuno di noi è fondamentalmente solo al mondo: nessuno può conoscere i più profondi anfratti della nostra anima, nessuno può conoscere tutti i nostri pensieri e i desideri più nascosti del nostro cuore, tutte le nostre sensazioni, tutte le nostre paure più recondite, tutto il nostro passato così come noi lo abbiamo vissuto, già, neppure il vostro terapeuta...Perché nessuno, nemmeno la persona che ci è più vicina, può sperimentare o percepire la vita come la viviamo noi, né sentire le cose con la nostra sensibilità. Un giorno, o magari di frequente, allargherete le braccia e vi dovrete abbracciare da voi stessi (o tutt'al più immaginerete che lo faccia Dio, se siete credenti). Spesso le persone si allontanano, ci deludono, si disinnamorano di noi, si stancano di noi, se ne vanno, e alla fine muoiono. Allora tanto vale fare amicizia con noi stessi, se passeremo il resto della vita in nostra compagnia. Fare amicizia con noi stessi significa imparare a volerci bene, proprio così come siamo, non come dovremmo essere, significa imparare ad amarci includendo tutto, il bello e il brutto che c'è in noi, le zone luminose e quelle di ombra. Per amare noi stessi, dobbiamo essere disposti a lasciar risplendere pienamente la luce che ci appartiene e scoprire la nostra unicità, abbracciando pacificamente e con compassione tutto ciò che siamo, compresa la nostra oscurità. Ogni giorno possiamo essere grati a noi stessi per tutte le cose buone che abbiamo fatto, facendo un inventario delle nostre vite, possiamo riappacificarci con le nostre storie, i nostri genitori e le nostre origini, possiamo comprendere le dinamiche familiari in cui siamo stati nostro malgrado invischiati, i miti familiari e i riti di cui siamo stati schiavi, forse senza rendercene conto, e provare a liberarcene, con serena consapevolezza. Se guardiamo a noi stessi con gentilezza e facciamo risplendere la nostra luce, avremo mostrato agli altri che anche loro possono fare altrettanto. Quando scegliamo di coltivare l'amore per noi stessi nella nostra vita, questo amore che è nel cuore di ciascuno di noi si propaga, come cerchi nell'acqua, per usare la bellissima immagine di Irvin Yalom, mio prezioso mentore: i cerchi nell'acqua si riferiscono al passaggio di parti del nostro io ad altri, persino a persone che non conosciamo, proprio come i cerchi provocati da un sasso lanciato nell'acqua continuano ad allargarsi finché non sono più visibili e tuttavia proseguono impercettibilmente. Scrivo questo libro con la speranza di poter essere un cerchio nell'acqua per te, lettore, con l'augurio che le numerose persone in lotta col cibo possano fare pace con esso e che tutti, affamati e non, possano amarsi senza riserve, in maniera incondizionata.

1. ANORESSIA E DINTORNI

"Dieci diamanti non mi bastano per stare bene, la vita è un gioco che ha per tutti lo stesso finale, puntuale si presenta il vuoto che spezza le ossa e ho perso tutto ciò che prima per me era risorsa. Io resto fragile, non voglio mostrarmi diverso, sono un perdente nel mondo che cerca di vincere contro sé stesso"

(Cit. "Osg16", Ultimo)

*"**Attribuisco al cibo un significato sbagliato, spesso lo utilizzo come un sedativo, un modo per non pensare a nient'altro**. È come se restare malata, con la mia anoressia come compagna fedele, mi permettesse di non dovermi occupare di tutte quelle cose che mi spaventano. Ho paura di affrontare quello che mi fa stare veramente male, per cui evito di occuparmene attraverso i problemi alimentari. È come se i sintomi mi occupassero tutto il tempo, i pensieri, la mente, mi permettessero di non pensare. La mia testa è dominata da pensieri quali "Tutto o niente", "Meno mangio meglio sto", classifico il cibo come sano o cattivo, controllo tutto ossessivamente, controllo il peso e il corpo in maniera angosciata, ho un forte desiderio di perfezione rivolto al corpo e alla qualità della vita. Essere insoddisfatta di me stessa e della mia vita è come se mantenesse presente il meccanismo dell'abbuffata e del sintomo. **L'anoressia e il disturbo alimentare nascondono un disagio profondo: attraverso il rifiuto del cibo o l'abuso di esso si vogliono esprimere emozioni, stati d'animo, pensieri, che non si riescono a buttar fuori a parole o in modo diverso**. Poi questo meccanismo portato avanti nel tempo si radica nella persona, che arriva a definire automatici certi comportamenti e certe modalità di gestione delle emozioni, come se fossero al di fuori del proprio controllo. Il sintomo, l'anoressia, aiuta a resistere, a sopravvivere alle difficoltà, è come se fosse un modo per sopportare tante situazioni scomode e tante emozioni intollerabili".*
(Marina)

Oggi i disturbi alimentari sono la seconda causa di morte in adolescenza dopo gli incidenti stradali, l'anoressia ha un tasso di mortalità del 5%. In un percorso di cura è necessario **aprire lo spazio per un'altra risposta della persona ai suoi problemi che non sia l'anoressia**. Tra i disturbi del comportamento alimentare l'anoressia è una dipendenza dal niente, una tossicodipendenza dal nulla, mentre negli altri disturbi alimentari c'è una dipendenza dal cibo come risolutore dei problemi. L'anoressia e i disturbi alimentari rappresentano per la persona che ne soffre una soluzione, mentre il lavoro terapeutico è permettere un'altra soluzione. L'obiettivo finale di un percorso di cura è *"Ama il tuo corpo, una dieta non può renderti felice!"*. Nei disturbi alimentari la patologia sta proprio nell'atto del mangiare, quindi dire "mangia" sarebbe come dire a una persona che ha la febbre "fattela passare". Spesso la famiglia che affronta l'anoressia utilizza solo suppliche e minacce per convincere la figlia a mangiare, ma più aumenta la sollecitudine più l'appetito diminuisce. È necessario capire che **il controllo tenta di proteggere da sofferenze molto importanti**: anche se usa modi molto forti tanto da far arrivare a condizioni cliniche serie, la restrizione ha l'obiettivo di proteggere. Il controllo nell'anoressia non va attaccato, ma capito nella sua funzione di gestire emozioni soverchianti e vissuti intollerabili, il controllo nell'anoressia va accolto altrimenti si alzeranno le difese della persona. Se la ragazza si sente capita durante un percorso di cura è la direzione giusta, il controllo si attutisce e la ragazza inizia a collaborare e si rilassa. Un sintomo alimentare deve essere accolto e capito per poter entrare in relazione con la persona che ne soffre, il disturbo alimentare non va negato o criticato come un atto di mancanza di volontà o un capriccio (o semplice golosità nel caso della bulimia e del binge eating).

1.1. Come inizia

Come ci si ammala di anoressia? Ovviamente non essendo un disturbo di tipo organico, per cui non è possibile isolare il virus dell'anoressia, non ha senso dare una risposta univoca. Ci sono innumerevoli motivi dietro a come ci si ammala di anoressia, anche se le dinamiche che sostengono il disturbo sono spesso comuni a tutti i casi. Cosa spinge una giovane o una donna (ma oggi anche uomini e ragazzi) a smettere di mangiare e a ridurre drasticamente la propria alimentazione fino a dimagrire considerevolmente? A volte capita che all'inizio la persona inizia a perdere peso quasi inconsapevolmente, senza adottare una vera e propria dieta, semplicemente mangiando meno perché stressata o perché non ha tempo di mangiare, ma vedendo che il peso scende e iniziando a ricevere complimenti per la sua forma fisica, comincia a valutare la positività della situazione e restringe consapevolmente sempre di più. Il fatto di riuscire a controllarsi laddove molti falliscono (mamme e amiche a dieta che non riescono a perdere peso, media che suggeriscono diete miracolose che nessuno riesce a seguire) provoca soddisfazione personale e fa guadagnare quel senso di adeguatezza e grandiosità che non si trova in altri campi della vita. Si può essere ignari delle basi emotive dell'anoressia e del disturbo alimentare - si basa 'solo' sul peso, 'solo' sulle calorie, l'esercizio e ciò che vedete quando vi guardate allo specchio -, ma ben presto si diviene consapevoli di come il disturbo alimentare offuschi, prenda il sopravvento e controlli emozioni forti e sentimenti intensi. L'anoressia diventa una barriera, una protezione. **Con il disturbo alimentare ci si sente intoccabile, superiore, immune a tutto**. I comportamenti presenti nell'anoressia come il troppo esercizio fisico, il vomito, le abbuffate, possono anche essere un modo per cercare di calmarsi o distrarsi dai sentimenti intensi. Una delle principali caratteristiche di un disturbo alimentare è che **la persona percepisce dei benefici secondari per la sua condizione**, un senso di benessere, potere, controllo, unicità, euforia, ecc.: *"Non digiuno per dimagrire. Digiuno per avere il controllo sulla mia vita. Per sentire di poter decidere cosa fare. Per sentirmi padrona della mia vita e del mio corpo. Per sentirmi un super-eroe".*

Spesso iniziano così le storie di anoressia nervosa. Intorno all'adolescenza, con una dieta che appare del tutto innocua. Del resto, chi non ha mai provato a buttare giù qualche chilo di troppo? Ma se per le persone cosiddette normali la dieta finisce quando si raggiungono e se si raggiungono i risultati voluti, e inizia la lotta per il mantenimento del peso forma, per chi si ammala di anoressia non è così. Loro non si arrestano! **Presto il cibo comincia a diventare un nemico.** Non è una semplice restrizione nutritiva per eliminare qualche cuscinetto di grasso; la dieta diventa qualcosa di più complesso e drammatico in cui esse mettono in gioco tutta l'esistenza. Non necessariamente le ragazze che entrano nelle grinfie dell'anoressia sono sovrappeso, anzi il più delle volte sono già magre in partenza o almeno normopeso. Però la magrezza diventa un'ossessione, le persone che si ammalano di anoressia entrano in una spirale dalla quale è difficile uscire. Voler dimagrire è la punta dell'iceberg! L'intero comportamento subisce delle modifiche impressionanti. Cambiano radicalmente le abitudini alimentari, lo stile di vita inizia a ruotare completamente sul 'problema cibo'. Ad un'osservazione esterna il comportamento anoressico colpisce, infatti, per un atteggiamento ambivalente, disordinato, caotico che queste pazienti hanno con il cibo. Si può assistere ad un rifiuto anche totale dei cibi; fortunatamente, però, nella maggior parte dei casi, il rifiuto è parziale con un severissimo controllo delle calorie assunte e una quasi completa esclusione dei carboidrati, dei cibi solidi, degli zuccheri e una limitazione a pochissimi alimenti.

All'inizio una ragazza vuole seguire il canone di bellezza della società di oggi, dove "magro è bello". Tutto inizia con una semplice dieta: vuole soltanto dimagrire. Perciò inizia a contare le calorie, a pesarsi tutti i giorni e a ridurre le porzioni sempre più. In realtà lei non se ne accorge: i suoi comportamenti le sembrano normali, fino a quando insorgono atteggiamenti che portano ad un "punto di non-ritorno". Ne prende coscienza, quando dalla semplice dieta passa davvero ad avere "comportamenti compulsivi-ossessivi" riguardo al cibo e al corpo. Un punto di non ritorno è quando, raggiunto il peso che si era prefissata, continua a non mangiare ugualmente per paura di ingrassare. Così non solo non ingrassa, ma continua a dimagrire. Le piace vedere il suo corpo assottigliarsi e iniziano a piacerle le sue ossa. Arriva ad amare le sue ossa. Tutto ciò che conta è **vedere la bilancia scendere**: diventa eccitante vedere il numero calare. Persino l'acqua in corpo le dà fastidio, perché gonfia la pancia e la fa pesare di più. Un altro punto di non ritorno è il non voler più mangiare di fronte agli altri. Questo perché, per una ragazza con l'anoressia, anche una fetta di pizza è un pasto eccessivo. Ha troppe calorie. Da sola supera il suo "budget giornaliero". È una vita di privazioni: non solo si priva del cibo, degli affetti e della vita sociale, ma smette di uscire: ha paura di dover mangiare fuori, quindi davanti agli altri; non sa più come vestirsi, perché si vede troppo grassa. L'anoressia è anche una sorta di **"elogio alla perfezione"**, un pretendere di essere perfetti. Ci si sente superiori agli altri: tu sei più forte, tu "vivi" anche senza cibo. Ma non è un vivere...

Nei primissimi giorni il digiuno causa le maggiori sofferenze, non è mica vero che manca l'appetito. Anche se ha fame, la ragazza che soffre di anoressia si impone regole rigidissime che, naturalmente, le provocano sofferenze. Ma lei non può tornare indietro poiché la paura di ingrassare è ancora più forte dei crampi allo stomaco. Superato il primissimo periodo, segue un'altra fase, in cui nonostante le sofferenze per la fame la persona si avverte incredibilmente attiva, piena di energie. È euforica, si sente orgogliosa di quello che sta facendo, la sua volontà l'ha avuta vinta sul suo fisico! Questo è il momento determinante nell'evoluzione della malattia: alcune ragazze si fermano qui; altre, destinate ad entrare definitivamente nell'anoressia, sono convinte invece che non possono tirarsi indietro, anzi debbono fare di più per mantenere i risultati che si stanno delineando e per scongiurare un ritorno al peso di prima. Il quadro che piano piano si delinea è preoccupante: da una dieta iniziata per eliminare qualche chilo in eccesso, nel giro di pochi mesi la situazione si trasforma del tutto. La ragazza malata di anoressia diventa una persona ossessionata dalla paura d'ingrassare, con un rapporto ambivalente con il cibo, che esibisce comportamenti strani e bizzarri. E così, da una semplice e innocua dieta, iniziata quasi per gioco, si ritrovano coinvolte in un sintomo pericoloso e incomprensibile ai più. Certo che la ragazza ha fame, muore di fame! Ha talmente tanta fame che non sente nemmeno più i crampi alla pancia, anzi sentire lo stomaco che si restringe è diventata una sensazione piacevole. Ma prima o poi la fame la sovrasta. Ecco che spesso, o a volte, insorgono le abbuffate: non ce la fa più, non ce la fa proprio più ad un certo punto. Perché si è affamata per troppo tempo, a volte per anni. Viviamo in un'epoca in cui tutti siamo spinti, più o meno, dal desiderio di affermarci in qualche campo: un corpo magro, snello, agile rappresenta un simbolo di potere. La ricerca spasmodica della magrezza a tutti i costi è pertanto **ricerca dell'affermazione**; quindi essere magre significa essere ammirate, osservate, stimate e invidiate; significa avere il successo non tanto per ciò che si *è* ma per ciò che si *ha*: un bel fisico. Ma questa tendenza all'affermazione a tutti i costi è autodistruttiva: i prezzi da pagare, come sappiamo, sono pesantissimi. *"Un lucchetto alla bocca, un nastro sugli occhi, e le orecchie chiuse: **la magrezza è come il formaggio per i topi, una trappola che ti attira e che ti ingabbia**. Una gabbia che costruisci tu, giorno dopo giorno, e contribuisce inconsapevolmente alla tua autodistruzione"*.

Come si manifesta all'esordio l'anoressia? All'inizio c'è la cosiddetta **"luna di miele"** dell'anoressia: la persona si sente onnipotente nel controllare la propria fame e il proprio corpo, si sente ancora grassa (dispercezione e dismorfismo), ha realmente più energia, quindi se le parlate di malattia, il malato siete voi: voi che mangiate a ogni pasto, che non vi sapete controllare, che non vi purificate con l'acqua, che non vi muovete. Molte pazienti con anoressia (ma anche con binge eating) raccontano stupite di come vedendo mangiare gli altri non capiscano come possano farlo senza rimorsi e senza pensarci tutto il giorno. Quando l'ossessione di cui si nutre l'anoressia è molto potente, molto invasiva, la persona è come alienata dalla realtà e da un esame autentico con se stessa, quindi impossibilitata a capire ogni buon argomento di ragione. Se voi dite a una persona con anoressia che è malata, penserà che volete farla ingrassare, se le dite che fa schifo penserà che sta perdendo peso (perciò ben per lei), se le dite che la trovate meglio penserà che sta ricominciando ad ingrassare e così via.

Nell'anoressia e nei disturbi alimentari si vive chiusi nel proprio mondo di comfort, apparentemente al riparo da ogni problema, caldi sotto la copertina del sintomo che protegge dalle cose che veramente spaventano. Tutti gli argomenti razionali - la fame del mondo, i bambini che muoiono di fame o gravemente malati, di contro loro che sono belle, sane e giovani e che non gli manca niente -, ebbene tutte queste buone ragioni non valgono niente di fronte alla loro ossessione e all'anoressia. È vero, apparentemente non gli mancherebbe niente, tranne se stesse...Anzi cercare di argomentare in questo modo non fa che aumentare il loro senso di inadeguatezza ed estraneità da sé. Per riportarli alla realtà in modo efficace bisogna incidere sull'unico argomento che sentono e quindi vivono come negativo: l'ossessione. Nell'anoressia il pensiero del cibo e del peso prende tutto il tempo possibile e spende tutte le energie psichiche disponibili. Se si riesce a far capire che l'ossessione e i pensieri relativi a cosa e quanto mangiare, al proprio corpo e alla propria forma fisica, al peso chiederanno sempre più spazio ed energie e toglieranno sempre più vita, ma senza risolvere nulla in verità, si è aperta una possibilità di dialogo e di vittoria. Alla domanda "Quanto ci pensi?", cioè quanto tempo ti prende e quante energie spendi con il pensiero del cibo e del peso, risponderanno "Sempre". A questo punto si è aperta una possibilità di dialogo per far capire che l'ossessione nell'anoressia chiederà più pensieri, sempre più rituali da assolvere, togliendo sempre più vita. Se l'ossessione non decresce, cresce! (Paola Bianchini, *"Il vaso di Pandora"*). Per questo è importante entrare in azione prima possibile per evitare che l'anoressia divenga un'abitudine a pensare, l'unico mezzo per affrontare la vita. Tenersi occupati con il cibo, come mangiare poco o invece come abbuffarsi, è un modo per non pensare agli altri problemi, quelli veri della propria esistenza. Ecco perché un aiuto di tipo psicologico è importante, per riuscire a capire cosa ci sta dietro, perché si ha bisogno del cibo in maniera smisurata o perché si ha bisogno di evitarlo (e non ditemi che è perché si vuole dimagrire, quella è la scusa...). Spesso la mente è così pesante che a volte fa sentire pesante anche il corpo. Solo riuscendo a liberarsi di tutti i pensieri, le preoccupazioni, le ansie, i grattacapi che attanagliano, si può sperare di risentirsi bene anche con il proprio corpo. Altrimenti, pur perdendo chili o mangiando pochissimo, ci si sentirà pesanti, brutti e male! O invece, anche abbuffandosi, non si riuscirà mai ad afferrare una pur minima serenità e sensazione di benessere.

"Caro diario, con il cibo va sempre male: mi fa schifo ingerire tutto ciò che non siano le mie cose (ieri sera dopo lo spuntino serale più grande del solito mi sentivo avvelenata). Ci sono tante cose che mi andrebbero, ma poi non sono capace di mangiarle. A volte succede qualcosa che ti fa piacere, tipo il dialogo con la prof di italiano che si è accorta del mio problema. Da un lato mi fa paura perché sono contenta di essere magra e diversa per ricevere attenzioni, dall'altro sono felice perché mi fa rendere conto della situazione quando non mi vedo magra e mi dà speranza di riuscire ancora ad instaurare dialoghi e rapporti. Vorrei uscirne per smettere di focalizzare a volte la mia felicità su cose assurde tipo mangiare quattro cosucce. Cosa può aiutarmi non lo so…a volte mi pare una salita su una lastra di ghiaccio a 90°, che per di più, non so se è causa o effetto o conseguenza, produce altre cose nella mia vita non molto piacevoli: tensioni coi miei, scarsa fiducia in me, a volte intolleranza dei parenti, nervosismo…Sono sempre preoccupata per il fatto di dover mangiare: come sarebbe bello vivere senza cibo. Le cose normali (cioè condite) mi sembrano veleno e sono convinta che mi facciano solo male. Devo levarmi la paura di uscire dai soliti schemi e da questa comoda condizione di scheletrino (che il più delle volte in realtà si sente una balena). Dovrei anche consumarmi meno la mente pensando a cosa mangiare (anche per l'ansia di aumentare) e a cosa fare. È sconcertante dare tanta importanza a questo odiato cibo e perderci la testa. Mi sento un po' pazza, ma quando sono triste e giù ho sempre il mio compagno cibo e pensando a cosa mangiare mi riempio la testa e così la vita che a volte sembra vuota. Per questo voglio rendermi indipendente dal cibo e non farne a volte il mio scopo. Perché non trovo niente che mi dia gioia fino in fondo? Gli amici a volte sembrano falsi (chi mi conosce davvero?) e anche la famiglia va male (mia sorella non mi sopporta e anch'io sono spesso nervosa e a volte esco proprio per sfuggire tante cose). Il problema cibo è proprio il modo che ho assunto per allontanare tutti gli altri problemi, il mio cervello è talmente

*assorbito da questa preoccupazione che il resto (che potrebbe essere fonte di sofferenza) non trova posto e scompare. Però mi fa un po' specie tornare normale, a mangiare come tutti, perché essere diversa è pur sempre una prerogativa che piace e vorresti tenere. Io desidero pensare ad altro, perché ok che si cancellano gli altri problemi, ma così ne ho uno gigante ed è umiliante essere solo occupata dal cibo. In questi giorni sono a casa da sola, ed è bello anche se è terribile che spesso per combattere la solitudine trovo compagnia solo nel cibo. Settimana scorsa ho accettato una fettina di torta, primo perché se no poi capita che mi venga voglia di divorarmene una intera, e secondo perché se agli altri non succede nulla, perché per me deve essere veleno? Quanto ho sofferto per i rapporti con gli altri e l'anoressia è stato un modo per uscirne: ribellarmi, dire "Io non ci sto". E così delusioni su delusioni, rimpiangendo un mondo ideale. La mia malattia in fondo è proprio la manifestazione a chiare linee di quel male di vivere che sento con forza addosso, ma voglio guarire perché tanto il dolore non muta (anzi aumenta). La spiegazione al problema cibo credo risieda nel fatto che in fondo sono triste e non c'è niente di bello nella mia vita: allora **il modo per riempire i giorni e non pensare ad altro è pensare al cibo, così questo dramma cancella il resto.** Forse smetterò di digiunare o di abbuffarmi quando imparerò ad amarmi!"* (Diana)

1.2. Perché non mangiare

Le domande che ricorrono più di frequente sono: "Come ci si ammala?", "Come convincere a curarsi?", "Come convincere a mangiare, a non vomitare o a non abbuffarsi?". Ammetto che cercare di rispondere a questi interrogativi è poco utile, ma soprattutto impossibile. La strada da percorrere va invece nella direzione di capire cosa sta accadendo lì dietro, nelle dinamiche di un disturbo alimentare, dietro ad un problema col cibo, a sintomi così incomprensibili come l'anoressia, la bulimia e il binge eating. La domanda più utile e forse corretta da porsi sarebbe: **"Cosa si sta cercando di dire e di regolare con il cibo?".** La persona stessa che soffre di un disturbo alimentare può e deve porsi questa domanda, scoprendo che spesso dietro al sintomo ci sono delle emozioni e degli stati emotivi che non si sanno leggere e regolare. Al contrario di quanto la gravità e la prepotenza del sintomo inducono a pensare, non è opportuno soffermarsi mai solo sul cibo e sull'educazione alimentare. Ad esempio nelle ragazze c'è il pensiero: "Ci deve essere qualcosa di me che va bene e quindi almeno il corpo deve andare bene", motivo per cui inizia il controllo e la restrizione. Attraverso un lavoro di tipo psicologico è possibile aprire uno spazio per un'altra risposta del soggetto che non sia l'anoressia, o un altro tipo di disturbo alimentare. Come comprendere il fatto che, deliberatamente e con una costanza tanto ostile verso gli altri e verso il proprio corpo, una giovane donna si lasci consumare giorno dopo giorno? O che divori l'intero contenuto del frigo per poi vomitarlo nel bagno, bruciandosi l'esofago? E per giunta lasci tutti a bocca aperta affermando che, secca e smunta com'è in realtà, si vede grassa e sfatta? Come spiegarlo, se non sulla scorta di una follia che non solo la induce all'autodistruzione ma che addirittura l'annebbia, tanto da renderla incapace di sapere cosa vede nello specchio? Il disturbo alimentare rappresenta un'alternativa funzionale ad una situazione di vita intollerabile, che non può essere fronteggiata con le abituali risorse e abilità. Spesso queste difficoltà, le emozioni prevaricanti e le sofferenze da cui il sintomo protegge sono molto o del tutto difficili da vedere e percepire per la persona che soffre, le parti sofferenti sono ben nascoste e alla luce c'è solo il sintomo, che con modi molto forti e feroci ha l'obiettivo di **proteggere**. "Da cosa?", chiedono spesso le persone con anoressia, bulimia e binge eating. Solo attraverso un percorso terapeutico si può arrivare a percepirlo, il sintomo non va attaccato ma capito, accolto nella sua funzione di gestire emozioni soverchianti. I familiari che domandano increduli "Perché continui a fare questa cosa?" non fanno che aggravare il problema, che concerne il sentirsi inadeguato, sbagliato, impotente dinnanzi alla forza dell'anoressia, della bulimia o delle abbuffate. Non è dicendo di mangiare di più che si sblocca una situazione, anche se può sembrare la cosa più opportuna. In quel piatto vuoto, in quel viso scarno, c'è solo un grido di aiuto, c'è solo una frase, un'eco profonda: "Aiutatemi!". La dieta non può mutare un problema di carattere esistenziale, l'immagine di sé non cambia...La voce dell'anoressia è un po' come la voce del critico interiore che ogni qualsiasi persona possiede – quella vocina che ci rimprovera ogni volta che facciamo qualcosa di sbagliato. La differenza è che la voce dell'anoressia non si limita soltanto a criticare, ma prova ad offrire una soluzione. La realtà però è che la trasformazione in una più bella, superiore, e migliore versione di sé stesse non avverrà mai. E si finisce per rimanere intrappolate nell'anoressia. Perché **dopo tanti anni passati in balia di un disturbo alimentare, sembra che questo faccia semplicemente parte di sé da sempre**. La voce dell'anoressia a poco a poco convince che l'anoressia è tutto quello che si è, tutto quello in cui ci si possa identificare, tutto quello che ti definisce, tutto quello di cui vantarti e andare fiera, tutto quello che fa stare meglio. Tutta la propria vita. E che al di fuori c'è solo solitudine e sofferenza. C'è una strana ironia nel fatto che la possibilità di trasformazione che l'anoressia una volta offre, avviene in realtà soltanto nel momento in cui si decide di dare le spalle all'anoressia stessa e si inizia a percorrere la strada di una cura. È grazie ad una terapia che, in effetti, si può scoprire le vere sé stesse: un'identità che non è definita da numeri, regole e ossessioni.

L'anoressia non è un capriccio, non è una fissazione per perdere peso in vista della prova costume, non è una restrizione alimentare per vedersi più magre e più belle: chi soffre di anoressia non si vedrà mai al peso giusto, perfetto, ideale, come magari sognava o sperava all'inizio della malattia, quando aveva intrapreso la strada del digiuno e della dieta con l'obiettivo di stare meglio con sé stessa e di apprezzarsi di più. Come se perdendo X chili o controllando l'alimentazione come un severo vigile potesse alleviare un dolore non esprimibile a parole, un mal di vivere di cui non si comprende bene il capo e la coda, e allora il sintomo diventa la soluzione perfetta per tutti i mali, la medicina che potrebbe guarire ogni problema, piccolo o grande che sia. Il disagio vissuto nel tunnel della malattia porta con sé ben più che il sentirsi male con il proprio corpo, è un sentirsi male con sé stesse, col mondo, nelle relazioni, è una sofferenza di cui **l'aspetto esteriore è solo un**

campanello d'allarme. Il cibo, il non mangiare o mangiare e vomitare, oppure abbuffarsi, magari alternando un mangiare smodato a digiuni severi, non sono i veri problemi e nemmeno risolvono le vere problematiche che un disturbo del comportamento alimentare porta con sé. Ai genitori dico sempre che non è insistendo sul mangiare, "Dai cara, prendi un bel gelato!", che vostra figlia guarirà dal suo disturbo, ci vuole un ascolto che parta dal cuore, dal comprendere cosa ci sta dietro quel rifiuto del gelato, come di ogni altro cibo, e che non è solo il voler dimagrire o la paura di ingrassare. Fosse così semplice...! Chi soffre di anoressia non si vedrà mai magra abbastanza, quella è solo una scusa, una cortina fumogena per non affrontare i veri problemi che spaventano ben di più. Quando si è tanto infelici e non si sa come venire a capo di nulla, avere il **dominio sul proprio corpo** diventa un successo sfolgorante. Si trasforma il corpo nel proprio regno, dove si fa la parte del tiranno, del dittatore assoluto. Con questo atteggiamento, il non cedere a qualsiasi esigenza del corpo diventa la massima virtù. Ciò che viene negato con maggiore forza è il bisogno di cibo. Per penosa che sia la fame, sopportarla un'ora di più, rinviare anche l'ingestione di una quantità infinitesima di cibo fino al punto della fame estrema e al giramento di testa, diventa segno di vittoria e questo, a sua volta, genera quel segreto orgoglio, quel senso di superiorità sul quale le ragazze con anoressia impostano i loro rapporti col mondo circostante. Il fatto di essere capaci di **sopportare la sensazione di fame** (e quindi di compiere il miracolo di calare rapidamente di peso) sembra indurre queste ragazze a continuare ancora e ancora. Viene poi la fierezza e il senso di superiorità per essere riuscite a dimagrire, quindi la paura di riguadagnare il peso perduto. Per essere sicure, credono di dover diminuire ancora e così si trovano prigioniere su questa strada verso il baratro. Le anoressiche si invischiano in questo processo perché esso, in qualche modo singolare, soddisfa il loro desiderio affannoso di essere speciali e straordinarie. Né la fame è l'unica esigenza fisica negata; non cedere alla fatica è considerato ugualmente meritorio. Fare un'altra vasca a nuoto, correre ancora per un chilometro, fare esercizi ginnici sempre più faticosi, tutto diventa simbolo della vittoria sul corpo. Il corpo e le sue esigenze debbono essere vinti ogni giorno, ogni ora, ogni minuto. Ricavano uno straordinario orgoglio e piacere dall'essere capaci di fare cosa tanto ardua! Quanto più a lungo dura la malattia e quanto più peso perdono, tanto più si convincono di essere speciali e diverse, e che l'essere tanto magre le rende meritevoli, significative, straordinarie, eccentriche o eccezionali; ciascuna ha una parola tutta sua con cui descrivere lo stato di superiorità per il quale lotta. Si concentrano unicamente su sé stesse, ruminando esclusivamente intorno al corpo e al cibo. Il loro pensiero e le loro mete si fanno bizzarre, con idee astruse su ciò che accade al nutrimento.

Quali sono le cause dell'anoressia? Come in tutti i disturbi mentali, non è possibile né tanto meno sensato, cercare una sola ed univoca causa alla base del problema. Ci sono sempre una molteplicità di piccole cause concatenate tra loro che si nascondono dietro al sintomo anoressia (e lo stesso discorso farei per la bulimia, il binge eating o qualsiasi problema di ansia, eccetera). Quali potrebbero essere queste cause? Nel caso dell'anoressia, il focus dell'attenzione va puntato non tanto sul sintomo in sé, quindi sul peso, sul corpo, sul cibo, ma sui risvolti emotivi e personali, sulle dinamiche relazionali che si nascondono dietro a questi elementi. Allora se la persona con anoressia si lamenta di vedersi grassa, di non piacersi, di avere un brutto rapporto col cibo e col corpo, bisognerà chiedersi i motivi di questo, a nulla serve aiutarla a mangiare meglio convincendola che sta bene così. Il sintomo anoressico serve spesso a mascherare una **profonda insoddisfazione con se stessi** e a gestirla: se io non mi piaccio, mi desidero diverso, il primo passo che posso fare è agire sul mio corpo e su cosa e quanto posso mangiare (ben più difficile è agire sul mio carattere e sul mio modo di relazionarmi agli altri). Iniziare ad avere un controllo su questo e vedere che fa stare bene, sia perché si perde peso, sia perché si innesca un forte senso di potenza e autostima (*"Wow, almeno nella restrizione alimentare sono brava!"*), aiuta ad alleviare la propria disistima e la bassa considerazione di sé. Questo crea un pericoloso circolo vizioso, che porta una persona che soffre di anoressia nervosa a mangiare sempre meno, perché meno mangia più si sente bene con se stessa, a prescindere dal vedersi o no bene fisicamente. Spesso chi soffre di anoressia è consapevole di essere troppo magra, oppure anche se gravemente sottopeso si vede rotondetta, ma la **sensazione di benessere data dal controllo** che si prova nel digiuno, nel mangiare sempre meno e alimentarsi con solamente 400-500 calorie al giorno, dona una illusoria soddisfazione e gratificazione personale che consente di sopravvivere alla propria bassa autostima. Il sintomo alimentare diventa un modo per sentirsi bene con sé stessi e cancellare dalla vista i veri problemi per cui ci si accetta così poco, ma alla fine si rimane con un pugno di mosche in mano: *"cosa ho risolto arrivando a X chili? Mi sento forse meglio con me stessa? Ho imparato a volermi bene?"* Niente affatto!! Anzi, il rendersi conto che pur decisamente magre e mangiando pochissimo, i propri sentimenti negativi verso sé stessa non mutano, lascia un vissuto di profonda sofferenza che occorre affrontare con una terapia adeguata per far sì che la propria autostima non crolli del tutto.

"La verità è che non c'è niente da comprendere in questa malattia; c'è solo da fermarsi ad ascoltare. L'anoressia non è la dieta, non è il cibo, non è il peso o la fissazione sull'alimentazione. L'anoressia è proprio il "non sentirsi". Non c'è medicina che possa guarire se non c'è ascolto autentico, comprensione, accoglienza. Il peso preoccupa, il fisico regola l'umore delle persone che in quei momenti ti stanno vicino; ma l'angoscia vera sta nelle paure, nella mente che non ti permette di agire, che ti comanda e immobilizza la tua capacità di scegliere. Quelle ossa non sono solo il segnale che siamo magre, ma anche che ci stiamo cancellando: che cosa vogliamo cambiare? La verità è che noi non stiamo bene e non staremo bene neanche più magre. Allora cosa ci dice l'anoressia? Di cosa illude? Perché ci convince che stiamo bene così e che non abbiamo bisogno di aiuto? La vera lotta non è unicamente con il cibo e con il corpo, in verità nell'anoressia si combatte per qualcos'altro…Solo grazie a un aiuto terapeutico è possibile scoprirlo: ascoltarsi e combattere la vera battaglia che si ha dentro di sé!"* (Serena).

Tra le opinioni diffuse relative all'anoressia e ai disturbi alimentari c'è la convinzione che, indipendentemente dalla classificazione, si tratti di problemi che hanno a che vedere, come dice la denominazione stessa, con il comportamento alimentare. Apparentemente ad aver bisogno di essere modificata sembra essere l'alimentazione, ma in realtà **è la mente umana che utilizza il corpo come "strumento di scrittura del proprio disagio"**. La malattia, anoressia o disturbi alimentari di altra specie, ha lo scopo di proiettare sul corpo un aspetto proprio dell'essere umano: grazie ai sintomi la malattia si svela. Una persona si imbatte nell'anoressia e nei disturbi alimentari nel momento in cui ha un disagio e viene meno la sua armonia con la propria interiorità e con il mondo. Attraverso il dominio del cibo, e conseguentemente delle forme corporee, il soggetto crede di impadronirsi della propria identità e di lenire le proprie ferite. Attraverso un percorso terapeutico si arriverà a cogliere che il sintomo in qualche modo sta aiutando: l'anoressia, la bulimia, il binge eating, sono la soluzione al momento, il lavoro psicologico è permettere un'altra soluzione, più sana e funzionale.

*"Loro, gli altri, non sanno. Ho la guerra dentro, ho il dolore intrappolato dentro tra una costola e l'altra. Cosa importa se adesso non sono più X chili? Cosa importa se adesso sono due anni che sembro tranquilla? Tranquilla io? No. Nessuno sa dei miei sacrifici per mantenere questo peso e non ingrassare, **nessuno sa quanto vorrei stare bene con me stessa ma non ce la faccio**. Nessuno sa quanto fa male non poter partecipare alle feste di famiglia a causa di un malessere interiore. Pochi sanno e tanti parlano. Ho paura sì, ho paura. Ho chiesto aiuto, ma davanti all'idea di dover affrontare i mostri che ho dentro mi chiudo sempre di più. Ho chiesto aiuto perché la malattia mi ha sfinita. Ho chiesto aiuto perché vorrei ricominciare a sorridere. Ho chiesto aiuto perché da sola non ce la faccio più. Nonostante il tempo, tutto continua. Mi chiedo che fine abbia fatto la mia grinta, Quella che due anni fa voleva spaccare il mondo e la malattia. Sono rimasta io, sola, con l'anoressia. Ogni giorno mi odio, odio Lei. Odio la fame, la stanchezza, l'irritabilità, la mancanza di entusiasmo, l'insonnia, le ossessioni, le ossa, gli specchi, le calorie. Odio essere così triste, odio scoppiare a piangere ogni giorno tra le braccia di mia madre. Nonostante tutto questo odio, non riesco a districarmi dalle corde della malattia. A volte le sento così*

*strette al collo fino a togliermi il fiato. Grido piangendo, urlo che voglio stare meglio, che sono stanca, che non ce la faccio davvero più. Vorrei uscire da questa trappola, voglio uscire da questo schifo, ma da sola non ce la faccio. Non so spiegare come sono state queste ultime settimane: giorni di crisi, fame ventiquattro ore su ventiquattro, insonnia, giorni in cui avrei voluto svuotare tutta me stessa, giorni di rabbia, giorni di restrizione, giorni di calcoli calorici, notti di incubi, notti eterne, notti affamate, giorni di attività fisica, giorni di stanchezza, giorni di lacrime. Poi si arriva ad un punto in cui si capisce che **il vero problema non è il peso, non è il cibo, non è quel corpo sacrosanto che abbiamo deciso di martoriare...il problema è cosa sta dietro a quelle lacrime che scendono davanti all'immagine distorta che lo specchio riflette**, davanti a quel piatto di pasta che sembra troppo unto e grande"* (Faby)

A cosa serve l'anoressia, la bulimia, il binge eating e l'alimentazione incontrollata? I disturbi alimentari cercano di soddisfare un bisogno nella vita di chi ne soffre. Può essere il bisogno di controllo nella restrizione: "Oggi tante cose, tanti aspetti della mia vita, mi sembrano fuori controllo e difficili da gestire, ma almeno posso controllare cosa mangio". Dire di no al cibo, essere più forti del senso di fame, distinguersi dalla massa che non sa sottrarsi ai piaceri della tavola, può far sentire superiori, forti, gratificati. Purtroppo però questi vissuti positivi non risolvono il vero problema per cui non ci si sente bene con sé stessi, durano ben poco nel tentativo di riparare un'immagine di sé negativa, è necessario capire come poter essere soddisfatti di se stessi in altri modi che non siano la denutrizione o il conteggio delle calorie. Oppure nelle abbuffate può essere il **bisogno di non sentire determinate emozioni, di non affrontare i problemi complessi della vita**. Allora mangiare senza controllo, riempirsi fino a scoppiare, può risultare un'utile strategia per non pensare ad altro; lasciando solo sensi di colpa e vergogna, il mangiare in modo smodato solleva da ogni altro pensiero o preoccupazione.

"Cara anoressia,

*in realtà non sei affatto cara e neanche semplicemente anoressia, nel senso letterale del termine di mancanza di appetito...sei l'infernale compagna che ritrovo nel letto ogni mattina, mi hai stretto nella tua morsa. E io non riesco a respirare perché hai spinto la mia testa sotto l'acqua. L'hai fatto perché, sotto la superficie dell'acqua, tutti i segnali dal mondo esterno arrivano attutiti, così speravi che io potessi continuare a non accorgermi di niente per tutta la vita. Per tanto tempo mi hai fatto sognare di essere diversa da tutte le altre ragazze. **Mi hai fatto sognare di sentirmi forte, soddisfatta, sicura di me**. Allora pensavo che fosse divertente essere differente, ma a lungo termine ho scoperto che non è affatto così. All'improvviso mi sono accorta che era vero, che, sì, ero davvero diversa, ma non diversa come avrei voluto. Non diversa nell'accezione positiva del termine, non diversa come avevi promesso di farmi diventare. Perché non hai mantenuto le tue promesse? Perché mi hai portato sulla vetta della montagna per poi spingermi di sotto? Perché mi hai raccontato bugie così simili alla verità che io ho finito inevitabilmente per crederci? E, come al solito, non hai risposte alle mie domande. Mi avevi detto che eri tu la risposta, ma più vado avanti, più restano solo tanti interrogativi. **Hai preteso e hai preso tante cose da me, ma non me ne hai restituita indietro neanche una.** Dov'è la mia adolescenza? Tutte le cose che avrei potuto vivere e che non ho vissuto? Mi hai rinchiusa in una bolla di sapone, era bella e io lì dentro credevo di essere felice. Ma mi isolava dal resto del mondo. E adesso che la bolla è scoppiata, non rimane niente. Neanche il riflesso, nemmeno uno spicchio della felicità che mi avevi promesso. Sono arrabbiata con te lo sai? Sì, sono arrabbiata perché alla fine non ho avuto niente di quello che mi aspettavo da te. Mi hai illusa e presa in giro. Mi hai dato qualcosa di effimero facendomi credere che era granitico. Mi hai mentito. Mi hai ferita. Mi hai fatto passare i momenti peggiori della mia vita. Sono arrabbiata perché mi hai rubato anni, possibilità, scelte. E sono molto arrabbiata non semplicemente per quello che hai fatto a me, ma anche per quello che hai fatto passare alle persone che mi stavano intorno. Hai fatto soffrire la mia famiglia: li hai fatti piangere, preoccuparsi, sentirsi* *in colpa, passare notti insonni ad interrogarsi sui loro inesistenti sbagli...loro che non avevano fatto niente di male, niente di errato! Sono molto arrabbiata perché mi hai impedito di reagire. E un'altra cosa che odio è che mi hai resa felice, ti odio perché mentre restringevo mi hai resa felice, soddisfatta, tranquilla, mi hai fatta sentire forte, sicura, capace di controllo. Ti odio perché tutto questo è effimero, ma mi davi la sensazione che avrebbe potuto durare per sempre. Ti odio perché mi hai fatto apprezzare il mio corpo solo quando ero XX chili. **Ti odio perché mi hai fatto passare momenti in cui mi sentivo onnipotente.** Ti odio perché tutto questo mi è piaciuto. Adesso lo so che non sei altro che un falso, ma un falso così verosimile da poter sembrare la realtà, ma non lo sei. Per fortuna non lo sei! E se ti azzardi a farmi venire ancora paranoie, ti mando a quel paese. Puoi cercare di farmi venire le ansie peggiori, non m'interessa. Anoressia, lo vuoi capire che adesso sei solo un peso? Sì, proprio tu, un peso! Tu che hai sempre cercato di non far pesare niente...Sei falsa, bugiarda, non voglio darti la soddisfazione di vedermi restringere, non ti meriti le mie lacrime e i miei dolori. Cosa mi stai dando tu ora? Perché io non vedo più niente, solo giorni fatti di ossessione e di vuoto. Da adesso in poi non te la darò mai più vinta. Certo alcuni giorni starò peggio, avrò voglia di ricominciare e restringere, ma non mi arrenderò, te lo assicuro, cadrò e sarò capace di rialzarmi. È bella la tua perfezione, ma è spersonalizzata, dai sicurezza e senso di controllo, ma **qui dentro mi lasci solo un gran vuoto e un gran freddo.** Vattene anoressia, non ti permetto più di controllare la mia vita!"* (Firmato: Veggie)

1.3. Perfezionismo e non solo

Una caratteristica basilare e ricorrente nei disturbi alimentari, soprattutto nell'anoressia ma presente in tutti i problemi relativi al cibo, è il perfezionismo. Che cosa significa essere perfetti per una ragazza/o con disturbi alimentari? Il perfezionismo non è la stessa cosa che sforzarsi di fare il nostro meglio. Il perfezionismo non ha a che vedere con ottenere dei sani risultati e crescere, ma è la convinzione che se viviamo in modo perfetto, abbiamo un aspetto perfetto e ci comportiamo in modo perfetto, possiamo minimizzare o evitare la sofferenza provocata dal non sentirsi adeguati, dal restare soli e non considerati. Essere perfetti è uno scudo che ci trasciniamo dietro pensando che ci proteggerà quando in realtà è proprio ciò che ci impedisce di spiccare il volo. Nei disturbi alimentari il perfezionismo non significa migliorare, l'essenza del perfezionismo è il tentativo di guadagnarsi approvazione e accettazione. La maggior parte dei perfezionisti è stata allevata ricevendo lodi per i risultati ottenuti e per le proprie performance oppure senza riconoscimenti in quanto "è solo il tuo dovere". Sforzarsi in modo sano significa concentrarsi su se stessi: *in che modo posso migliorare?* Il perfezionismo invece si concentra sugli altri: *cosa penseranno?* Il perfezionismo è spesso il sentiero che conduce alla depressione, all'ansia, nella fattispecie ai disturbi alimentari e alla paralisi esistenziale. L'espressione paralisi esistenziale si riferisce a tutte le opportunità che perdiamo perché siamo troppo spaventati per fare qualcosa che potrebbe essere imperfetto. Si riferisce anche a tutti i sogni che non inseguiamo a causa della nostra profonda paura di sbagliare, di commettere errori e deludere gli altri. È terrificante sbagliare quando si è perfezionisti: in palio c'è la propria autostima. Il perfezionismo è distruttivo semplicemente perché **la perfezione non esiste**, è un obiettivo irraggiungibile. Inoltre, la perfezione ha più a che vedere con la percezione: vogliamo essere percepiti come perfetti. Di nuovo, si tratta di un obiettivo irraggiungibile: non esiste un modo per controllare la percezione altrui, a prescindere da quanto tempo e quanta energia spendiamo per riuscirci. Tutti abbiamo tendenze perfezioniste. Per alcuni il perfezionismo si manifesta solo nei momenti di particolare vulnerabilità. Per altri può essere compulsivo, cronico e debilitante. Ad esempio nei disturbi alimentari c'è la convinzione che se non mangio in modo perfetto, se non ho un fisico perfetto e se non sono perfetto in ogni pezzo della mia esistenza, sarò infelice, poco considerato, totalmente sbagliato, non avrò successo, non sarò accettato in famiglia...Solo un percorso terapeutico può aiutare a smantellare le credenze errate del perfezionismo e a cambiare il modo in cui pensiamo a noi stessi. Quando una ragazza cerca di rimanere al sicuro nella zona protetta del sintomo alimentare, in realtà non si sente mai perfettamente a proprio agio, c'è sempre quel tarlo che suggerisce che potrebbe fare di più, c'è sempre quel desiderio più o meno latente di avere un corpo e una vita migliore.

Nell'anoressia si riscontrano altre convinzioni, legate prevalentemente al proprio aspetto fisico che le persone percepiscono in genere come negativo. Altra convinzione importante è quella relativa al non esporsi mai, non mostrare i propri sentimenti. Altre regole e convinzioni sono: **"Solo se sono perfetta, anche da un punto di vista fisico, posso essere accettata da chi mi sta intorno, posso essere una persona degna di attenzione"**. Comprensibilmente, non è possibile per nessuno essere perfetto in tutto, ecco allora che una pretesa così rigida e impossibile ha per l'anoressica un effetto boomerang: la mancanza della perfezione alimenta ancora di più un giudizio estremamente negativo su di sé. "Per me è obbligatorio raggiungere determinate mete nello studio e nell'aspetto fisico": inevitabilmente una tale obbligatorietà ha un effetto opposto: la sensazione di essere chiusa in una gabbia di doveri che genera solo angoscia. "I risultati devono essere raggiunti nella loro *totalità*": questa è una delle regole più radicali che si ispira alla **"legge del tutto o nulla"**, ad esempio la dieta che l'anoressica si autoimpone deve essere rispettata fino in fondo, senza il minimo sgarro, la restrizione alimentare deve essere rigida e totale, altrimenti sarebbe un fallimento.

Chi ha problemi col cibo ha il pensiero magico "Se avessi quei tot. chilogrammi in meno sarei felice, starei bene, ecc." oppure l'**illusione che un aspetto fisico diverso, una diversa immagine corporea risolverà tutte le problematiche e le fatiche della vita.** Forse può capitare anche a noi di avere questi pensieri e quest' illusione quando siamo particolarmente vulnerabili e fragili, e così si sentono spesso le donne dire "Ho iniziato la dieta, ho iniziato a far palestra". La differenza è che nei disturbi alimentari il desiderio di essere magri coinvolge totalmente i pensieri, le abitudini, la vita quotidiana, non lascia spazio ad altro! Il desiderio di perdere peso nell'anoressia, così come il desiderio di abbuffarsi nel binge eating, diventano più importanti di qualsiasi cosa, rubano energie e spazio mentale, senza lasciarne molto altro libero. Ma alla fine purtroppo non importa quanti chili si possano perdere o quanto si possa dimagrire, non è mai abbastanza, non ci si vede mai davvero bene. Allo stesso modo, ogni abbuffata non riempie mai veramente, perché ciò che si cerca di riempire è un vuoto diverso, non è dello stomaco, ma del cuore. Quindi il comportamento alimentare scorretto, che sia diete ferree o abbuffate frequenti, continua senza posa, alla ricerca di quel benessere, di quel soddisfacimento che si cercava.

"Sono stanca di essere me. Stanca di racchiudere dentro questo stupido corpo tutto il male. Voglio essere quella persona che sorride ed è felice e ringrazia solo perché ce l'ha fatta a uscire da quel limbo. Voglio togliermi la maschera senza temere il giudizio degli altri e ridere. Voglio essere contenta di essere come sono. Cosa significa mangiare qualcosa senza pensare alle calorie? Cosa si prova ad assaporare, a gustare, ad amare il cibo? Com'è non contare le calorie? Lo ricordate? Lo sapete? Io non lo ricordo più. E mi chiedo se un giorno sarò in grado di rivivere ancora queste sensazioni. E allo stesso tempo, non lo accetto. Ho sempre ammesso con me stessa di avere qualche problema con il cibo, ma mi sono mai chiesta quanto sono gravi questi problemi? No. Perché ci vuole poco a mascherarli, per una persona come me. Ma cosa sono, se non una richiesta di aiuto, una richiesta di attenzioni, un grido senza voce di chi le parole le ha perdute?"

Nei disturbi alimentari il sintomo e il problema cibo, nonostante la sofferenza che possono portare, sono vissuti come degli alleati e si fa una gran fatica a prenderne le distanze. Il cibo diventa un amico-nemico con cui si vive una ambigua e duplice relazione: da un lato è ciò che tranquillizza, anestetizza, calma e lascia nell'oblio tutto il resto dei problemi (sia nella dimensione dell'evitarlo come nell'anoressia o nelle forme restrittive, che in quella dell'abusarne come nell'alimentazione compulsiva), dall'altro è un nemico pericoloso, qualcosa che può far perdere il beato controllo, che può sfuggire di mano e uscire dalla dispensa "divorandomi". Il sintomo alimentare protegge, dietro al cibo si celano vissuti faticosi e difficilmente affrontabili, ciò che fa più paura si nasconde dentro ciò che si mangia o non si mangia. La vittoria sulla fame, il digiuno, l'iperattività, l'abbuffarsi sono vissuti come gratificanti: nel momento in cui non si controlla più nulla e tutto va male (o perlomeno non come si vorrebbe) almeno il cibo lo si può controllare, così come il corpo. Dietro ai disturbi alimentari c'è una fame inappagata, quella fame di riconoscimento, di valere, di affetto che nessun cibo potrà saziare. Allora meglio il sintomo che il nulla, **meglio digiunare o abbuffarsi che fare i conti con la propria sensazione di pochezza, con il vissuto di non valere niente o almeno mai abbastanza.** Spesso le persone con disturbi alimentari dicono: *"Senza anoressia non saprei chi sono"*, *"Senza questo corpo così magro non starei bene"*, *"Senza l'abbuffata non saprei come stare meglio"*, *"Senza questo corpo obeso non mi riconoscerei più"*: queste parole fanno capire come l'esperienza dei disturbi alimentari ruoti intorno ad una giustificazione del sintomo e una difficoltà ad abbandonarlo per ragionare sui motivi che hanno portato a rifugiarvisi. Così spesso si sente dire di aver paura di tornare a mangiare normalmente oppure di non riuscire ad immaginare una vita senza il problema cibo. La cura passa attraverso la fatica di lasciare che il cibo perda la sua importanza, che torni ad essere un alleato, un amico, ruolo che invece viene preso dal sintomo: mangiare fa paura, invece la restrizione fa stare bene; mangiare bene fa paura, invece l'abbuffata dà l'illusione di far stare bene. Grazie ad un percorso terapeutico, la fame smette di essere infinita, il cibo cessa di terrorizzare, il cibo torna ad essere alimento nutritivo e basta. Per far questo è necessario affrontare insieme al terapeuta ciò che veramente terrorizza e che si tentava di tenere nascosto, silenziosamente a bada, dietro ai disturbi alimentari, al di là e indipendentemente da ogni tipo di peso, bassissimo, normale o elevato, e anche ciò che si cerca di comunicare attraverso il sintomo.

"Tutta la mia vita era solo il problema cibo; anni in cui ho perso occasioni, possibilità, in cui mi sono bruciata la possibilità di fare tutte le cose che una ragazza dovrebbe poter fare, anni in cui mi sono riempita

la testa di ossessioni, di ansie, di disturbo alimentare. Anni di vuoto. Anni che ho sprecato, perso, buttato via, e che non mi ridarà indietro nessuno, non riavrò nessuna delle cose, delle persone e delle occasioni che mi sono lasciata sfuggire. **L'avere o meno un disturbo alimentare non è assolutamente una questione esclusivamente di peso,** *questa enorme cavolata non sta né in cielo e né in terra. Questa enorme cavolata che pure mi ha fregata per anni, e che proprio per questo adesso non posso sentir dire neanche per sbaglio. Io, quando mi sono ammalata, dopo pochi mesi di anoressia, sono passata alla bulimia, che è la malattia contro cui combatto tutt'ora. Io ero normopeso prima di ammalarmi, e sono rimasta normopeso durante tutte le fasi della malattia anche se ovviamente ho avuto delle oscillazioni di peso, ma comunque sempre entro l'ambito del normopeso, e sono anche adesso normopeso (mi riferisco al normopeso secondo il Bmi - Body Mass Index, Indice di Massa Corporea -). Dunque,* **dato il mio perenne normopeso, adesso qualcuno vorrebbe venire a dirmi che dunque non sono mai stata malata?** *Ma non diciamolo neanche per scherzo. Questo del peso è un luogo comune che dovrebbe essere sfatato al più presto. È un luogo comune in cui anch'io a suo tempo ho creduto, che mi ha permesso di auto-giustificarmi per anni nel mio non chiedere aiuto a nessuno, perché tanto dall'esterno non si vedeva niente di particolare, per cui le persone ottuse non pensavano che io avessi alcuna malattia, ed io stessa cercavo di convincermi di questa bugia che poiché il mio peso era normale, allora io non ero "abbastanza malata". "Grazie" a ciò, che mi faceva pensare che in fondo era una situazione che potevo gestire perché non ero sottopeso, sono passati anni prima che riuscissi a trovare forza e coraggio per chiedere aiuto. Anni d'inferno. Un disturbo alimentare è quello che hai in testa, non è una cosa che il corpo può dimostrare, a nessun peso!"*

Le persone con disturbi alimentari sono sempre severe con se stesse e con gli altri, vivono ogni cosa con ansia e fallimento, si sentono in colpa per tutto, si dannano per una pera, si arrabbiano con gli altri che non digiunano con loro, che le costringono a mangiare, che mangiano con serenità e magari pretendono lo stesso da loro. Sono ossessionate dall'attività fisica, dal fatto di bruciare calorie, che contano in modo compulsivo, e se sforano dal loro "pacchetto" previsto vanno in crisi e fanno piani assurdi per ridurre gli introiti futuri, oppure continuano sulla via della perdizione per punirsi dall'aver esagerato e mangiano in modo smodato assumendo calorie e cibi in eccesso, sentendosi sempre più male per questo e perpetuando il problema. Perdono un giorno di studio o di lavoro perché hanno fatto colazione e non dovevano, perché hanno messo un cucchiaino di zucchero nel caffè! Non escono la sera se per caso mangiano un cioccolatino, perché si sentono grasse e gonfie, oppure si proibiscono di mangiare in pubblico, davanti agli altri, e poi si abbuffano in solitudine perché si sentono sbagliate. Sempre e comunque. E pensate che il sintomo alimentare serva a farle stare meglio? Che possa lenire il senso di inadeguatezza e farle sentire più belle, attraenti e in pace con se stesse? Tutte bugie, bugie che il sintomo porta con sé, trasmettendo il messaggio "se non mangi starai meglio, ti sentirai più forte e più bella" oppure, all'estremo opposto del binge eating "sarai sempre uno schifo, tanto vale che mangi e ti consoli". E in effetti, all'inizio, il sintomo alimentare può servire a cancellare dalla mente i veri problemi, ad annebbiarli, a tenere occupati i pensieri col cibo, come evitarlo, come dimagrire, cosa mangiare, oppure mangiando tanto fino a non capire più niente e avere davanti a sé solo il problema cibo. Ma è quello il vero problema? Ne siamo convinti? Anche se all'apparenza sembra esista soltanto esso, dimagrimento preoccupante che sia o aumento ponderale pericoloso, sotto ad esso si nascondono innumerevoli altri nodi, vissuti difficili, sentimenti fastidiosi, emozioni bloccate, rapporti negativi o non desiderabili, e chi più ne ha più ne metta. Se però continuiamo a pensare che il problema sia il sintomo alimentare, il peso e il cibo, forse non aiuteremo la sventurata persona a ritrovare l'armonia e il benessere soggettivo. Un percorso terapeutico adeguato deve focalizzarsi su ciò che ci sta dietro al disturbo alimentare, su quello che il sintomo vuole dire, sulle dinamiche familiari che lo sostengono, su quanto sta comunicando agli altri e al soggetto stesso. Il motto di ogni psicoterapia è questo: "Non ti lascio fin quando non sei diventato te stesso". Non si tratta più di portare l'uomo fuori dalla sua situazione precaria d'infermità, ma di portarlo alla sua verità. Durante l'intervento terapeutico le convinzioni del paziente non vengono negate o sminuite, vengono accettate. Anzi è importante costruire un ponte d'oro alle sue aspirazioni perché proprio questo ponte d'oro lo condurrà ad una progressiva riduzione delle pretese irrealistiche. Se una ragazza cerca la perfezione, occorre che prenda coscienza che per lei la cosa perfetta è di non voler essere troppo perfetta! Se il perfezionismo è un difetto che denota la sua poca perfezione, allora la cosa migliore è quella di cercare di essere perfetta e, per fare questo, è necessario rinunciare al difetto del perfezionismo!

"Devo spaccare quell'armatura di paure che impedisce loro di capire che l'arte da imparare in questa vita non è quella di essere invincibili e perfetti, ma quella di saper essere così come si è, invincibilmente fragili e imperfetti." (Alessandro D'Avenia, 'L'arte di essere fragili')

2. BINGE EATING E ALIMENTAZIONE COMPULSIVA

"Riempire il vuoto con il silenzio. In questo circo scegli il tuo ruolo, il mio
è convincersi di non essere solo. Sdraiato all'angolo di questa stanza,
del mondo adesso posso fare senza, troppi ricordi mi strillano contro,
mi ricordano da dove vengo, e tu gridavi forte a me stesso che non ho
niente di buono dentro, ma eri fragile come la neve, quando il sole
riposa le sere. Eri fragile quando cercavi di calmare le stupide ansie che
mi hanno sempre chiuso le stanze, sai l'abitudine è il male peggiore!
Ma quello che voglio cercare, almeno quello che voglio sperare è che
domani mi svegli diverso, con un diverso modo di fare, avere cura di me
stesso e trasportarmi nel mondo."

(Cit. "Fragile", Ultimo)

Oggi la percentuale di incidenza del Binge Eating disorder è stimata
intorno al 3% della popolazione. Il Binge Eating colpisce maggiormente
il sesso femminile, con un rapporto di 3 a 2 tra femmine e maschi.
L'insorgenza del comportamento alimentare incontrollato avviene con
maggior frequenza nella tarda adolescenza e dopo i 30 anni. In genere
viene seguito un regime dietetico regolare "ai pasti": è negli intervalli
tra i pasti che si manifestano le assunzioni incontrollate di cibo, che si
possono ripetere più volte nella giornata, soprattutto durante le ore in
cui si è in casa da soli o la sera. Raccogliere tutti i cibi più golosi dalla
dispensa, quelli che davanti agli altri non si concedono mai, chiudersi in
camera, ingurgitare tutto nel minor tempo possibile, senza assaporare,
con la sola intenzione di calmarsi, di placare ogni sentire: questa è la
modalità del Binge Eating, colmare un vuoto fino ad uno stato di
annichilimento, dove le emozioni faticose e ambivalenti che bruciavano
nel cuore ora giacciono in fondo, soffocate dal cibo, silenziose, come
accade in qualsiasi dipendenza, trovarsi in uno stato di 'mutismo

emozionale' in cui si avverte poi solo senso di colpa e vergogna per quanto mangiato.

Il Binge Eating deriva da una **incapacità o difficoltà a gestire gli stati emozionali senza ricorrere al cibo**. Il cibo e le abbuffate rappresentano una strategia disfunzionale di regolazione emotiva: per le persone con il disturbo da alimentazione incontrollata il cibo viene visto come un amico che consola nei momenti difficili e gratifica nei momenti felici, anche se in realtà lascia dietro di sé solo sensi di colpa e vergogna, oltre a qualche chilo in più e malessere fisico, gonfiore, pesantezza. Come fare allora per affrontare gli stati dolorosi o le emozioni difficili evitando di rifugiarsi nel cibo? Il primo passo è stare in quell'emozione, riconoscerla, darle un nome e un diritto di cittadinanza. Solo se accetto che posso anche stare male, che oggi il mio critico interiore è molto inferocito e mi grida ad alta voce che non valgo a nulla o che non sono abbastanza, sono libero di scegliere se anestetizzarmi col cibo, magari come modo per non sentire le mie voci interne critiche e cattive, o se rimanere in quello stato emotivo doloroso e lasciare che passi. L'atto del mangiare invece ridurrebbe nel breve termine il senso di ansia donando una temporanea sensazione di sollievo. Quasi immediatamente però sopraggiungono sensazioni spiacevoli, come forti sensi di colpa, disgusto per se stessi, vergogna e depressione. Le persone che soffrono di Binge Eating sembrano porre più attenzione agli effetti immediati dell'abbuffata nei confronti dello stato emotivo negativo, cioè al senso di piacere e sollievo causato dal cibo, piuttosto che alle conseguenze che l'abbuffata può avere sul peso ponderale, considerato come un effetto collaterale, a volte sopportabile rispetto al disagio percepito senza anestetizzarsi col cibo: *"Io lo chiamo 'coma alimentare', ci scivolo quando mangio troppo, mangiare è come un anestetico emotivo, mi porta in un luogo dove non provo niente, mangio e mangio ancora perché non sopporto di sentirmi arrabbiata o delusa, mangio per non sentirmi più così male"*. Una volta aumentato il peso, questo può fungere da fattore di rafforzamento del disturbo, in quanto il senso di fallimento personale e il calo dell'autostima nell'immagine fisica possono mantenere il bisogno di abbuffate, in termini di frequenza e gravità delle stesse, per lenire tali sentimenti e vissuti negativi. Il senso di perdita di controllo correlato all'alimentazione incontrollata del Binge Eating è egodistonico, cioè crea malessere e disagio alla persona, e contribuisce alla flessione del tono dell'umore e dell'autostima. Questo differenzia dalla fame nervosa fisiologica, che capita a tutti in momenti di difficoltà, ma rimane egosintonica, cioè non crea un disagio importante. Spesso la presa di consapevolezza che il Binge Eating e le abbuffate siano un problema avviene a causa di un repentino aumento di peso, oppure quando si avverte che non si riesce più a smettere con la compulsione all'eccesso di cibo. Nel Binge Eating ci si concentra di più sulle aspettative a breve termine anziché su quelle a lungo termine causate da un'eccessiva alimentazione; ne consegue che, le persone con problemi di peso, tendono a ragionare in termini di: *"Meglio un uovo oggi che la gallina domani"*, oppure *"Domani sarà il giorno 1!"*, *"Da domani mi metto in riga"*.

Ti capita di mangiare in maniera disordinata? Spilucchi tutto il giorno e poi arrivi ai pasti che non hai molto appetito? Alterni momenti in cui ti concedi ogni sfizio a momenti in cui restringi tantissimo, fino a digiunare? L'abbuffata consiste nel consumo eccessivo di alimenti, di ingenti quantità di cibo, che può avvenire in modo occasionale o abituale, dove la persona acquisisce un apporto calorico grandemente superiore a quello di cui ha realmente bisogno. Il consumo di cibo si trasforma in un problema nel momento in cui si manifesta in modo compulsivo, sistematico e diventa una forma di dipendenza da cibo, non una cosa che io controllo ma di cui mi sento schiavo. In genere chi si abbuffa è una persona che vive costantemente o quasi a dieta. Una dinamica tipica vede l'alternarsi di periodi di dieta a periodi di eccessi e abbuffate. Si possono individuare tre modalità con cui le persone si sottopongono a diete. Primo, **posticipare i pasti**: accanto al digiuno - tipico di chi soffre di Binge Eating- vi è la tendenza a rimandare i pasti nell'arco della giornata, fino a mangiare solo la sera. Secondo, **ridurre al minimo l'apporto calorico**, cercando di tenere sotto controllo l'introito calorico quotidiano, con calcoli ossessivi per ogni alimento ingerito. Terzo, **evitare alcuni cibi**: esiste in chi si abbuffa la tendenza a considerare alcuni alimenti assolutamente "pericolosi", perché fanno ingrassare o perché in passato averli mangiati ha scatenato l'abbuffata stessa. Spesso si crea una netta separazione tra cibi considerati sani e permessi, che vengono consumati nei momenti di dieta o di restrizione, e cibi spazzatura, ricercati e concessi solo durante le abbuffate. Chi si abbuffa spesso arriva a fare un uso dello sport in maniera disturbata, impropria, rendendolo estremo e compulsivo, che non si può evitare perché permette di superare i sensi di colpa conseguenti alle abbuffate, al punto tale da diventare una vera e propria ossessione che va ad influenzare momenti quali il lavoro, il riposo, la socializzazione. Viceversa chi soffre di obesità tende ad evitare lo sport totalmente, nonostante riconosca che qualche attività fisica farebbe un gran bene. In genere chi si abbuffa non lo fa perché spinta dall'impulso della fame, anzi spesso non avverte il senso di fame. Può inoltre ritrovarsi a mangiare da sola, a causa del forte senso di imbarazzo per le eccessive quantità di cibo che si ritrova a consumare. Il pensiero del cibo è così forte e imponente che spesso la persona passa gran parte del tempo a pensare al cibo, al prossimo pasto, si ritrova a fantasticare su cosa potrà mangiare. Se si chiede "Se non pensassi al cibo, a cosa penseresti?", rimangono spesso senza parole in prima battuta, basiti dalla domanda, non sanno cosa sta dietro a quel cappuccino o quelle patatine, riescono solo a pensare a quanto fa ingrassare o a ciò che stanno ingerendo anche se non dovrebbero...

Le persone con Binge Eating vivono quella che è stata definita *emotional eating*, **ovvero l'assunzione di cibo in risposta a determinati stati emotivi**, una sorta di meccanismo di coping[1] in soggetti che hanno imparato solo questa strategia disfunzionale per gestire le emozioni negative. Cosa differenzia questo dalla fame nervosa che forse a volte tutti viviamo? Innanzitutto il senso di malessere e di disagio che causa l'alimentazione incontrollata, laddove gli effetti negativi dell'abbuffata

---

[1] Strategia messa in atto per fronteggiare problemi personali e interpersonali.

diventano molto più elevati rispetto al sollievo che deriva dall'assunzione di cibo. Inoltre il senso di perdita di controllo e la mancanza di strade alternative oltre al cibo e al mangiare per affrontare le emozioni, lo stress e la vita in genere.

"Accade come se mi scattasse una molla, mi alzo e vado alla dispensa, come se dentro di me ci fosse qualcosa a manovrarmi, come sotto ipnosi. Allora mangio, svuoto pacchi di biscotti o di patatine, finisco tavolette di cioccolato, così mi passa la tristezza, o la mia arrabbiatura del giorno, o la noia. Per anni non ho voluto farmi aiutare, non volevo dare importanza a questo problema, odiavo già troppo quella parte di me che in stato di trance mangia per sedare le emozioni, figuriamoci se le volevo dare considerazione...in fondo tutti mangiano quando sono nervosi e stressati, non era un problema poi così grave. Poi ho capito che questa cosa mi faceva stare male, ne ero schiava davvero, il cibo non era più un amante piacevole ma quasi un molestatore, che mi portava a fare cose contro la mia volontà. Allora ho chiesto aiuto e solo il fatto di prendermi cura di questo problema, di avere consapevolezza dei miei meccanismi, lo ha fatto scemare. E ora sono libera di scegliere se scattare come una molla verso il cibo quando sento emozioni difficili o coraggiosamente sopportarle, tanto mangiare non risolve niente, anzi a posteriori mi fa stare ancora più male, mi ha portato ad ingrassare e ad odiare un pezzo di me. Ma ora voglio volermi bene."

Provate a pensare ad alcune cose che non riuscite a fare a causa del vostro rapporto col cibo: forse avete paura ad affrontare i buffet? Oppure non riuscite a fare la spesa serenamente, senza la paura di comprarvi di tutto e il divieto di comprarvi alcune cose? Fate fatica ad avere una vita sociale spensierata? Non riuscite a mangiare davanti ai colleghi? Avete sempre la paura di svuotare il frigo, quindi non riuscite a tenere scorte di cibo in casa? Potete pensare al **problema cibo come** ad **un giubbottino stretto**: il Binge Eating o il comportamento che adottate a causa del vostro rapporto col cibo (l'evitare di mangiare davanti ai colleghi, il non guardarvi allo specchio, il non uscire liberamente, il non tenere scorte di cibo....) è come un giubbottino che, da un lato, vi protegge e vi fa andare avanti a vivere evitando di esporvi alle vostre paure, ma dall'altro il giubbottino vi va stretto, vi dà fastidio e vi impedisce di vivere comodamente e a vostro agio. Potete chiedervi: "Quando mi toglierò il giubbottino che mi ha protetto fino ad ora? Come posso farlo?"

Cosa può essere utile fare, quindi, per affrontare il Binge Eating? Esiste una tecnica chiamata *Urge Surfing*. La prossima volta che vi capiterà di provare un forte stimolo a mangiare, immaginate questa sensazione come un'onda che pian piano sale, fino ad arrivare ad un picco e che poi decade fino a scomparire. Questo è esattamente l'andamento del vostro impulso: se lasciamo che segua il proprio corso senza reagirvi, possiamo osservare che **la smania di cibo, così come ogni tipo di urgenza, ha un inizio, un picco di intensità e un momento di calo, come un'onda**. Se vi è più facile, potreste pensare di essere sopra una tavola da surf e di affrontare un'onda che sta arrivando verso di voi: possiamo cavalcare l'onda senza mettere in atto tentativi disperati di controllarla o eliminarla. L'onda rappresenta la vostra smania di cibo o un'emozione negativa che vorreste superare. Il picco, che rappresenta la massima intensità della vostra emozione, ha soltanto una breve durata in verità e comunque, superato questo picco, viene la discesa. Con l'esercizio e con l'aiuto di un terapeuta imparerete a controllare la smania di cibo e il Binge Eating, come uno dei tanti fenomeni che ci riguardano anziché come un intollerabile disastro.

Nelle persone affette da Binge Eating disorder il rapporto con il cibo non appare così differente, per lo meno in alcuni tratti, a quello delle persone tossicodipendenti con la sostanza. Ad esempio, in entrambi i casi c'è la mancanza di controllo, l'uso della sostanza per affrontare momenti particolarmente difficili, le ossessioni che limitano talvolta la vita sociale, il continuare a ricorrere al cibo o alla droga nonostante le ripercussioni negative sul corpo. Nella dipendenza da cibo che si incontra nel Binge Eating **il cibo-sostanza diventa una stampella**, un sostegno di fronte a cose particolarmente difficili da gestire, e di cui non ci si riesce a liberare. Come se l'unica via d'uscita da una giornata difficile, da una serata in solitudine, da un'angoscia o da una delusione, da rapporti faticosi in famiglia e non solo, da un sentimento di malessere (ma può essere anche per gestire un'emozione positiva troppo violenta) sia ricorrere al cibo e ad abbuffarsi, così come la persona dipendente fa ricorso alla sostanza. Con la differenza che la sostanza è illecita, si hanno ben presenti i rischi connessi al suo abuso, non è socialmente accettabile, mentre il cibo è necessario, bisogna farne uso per sopravvivere, tutti ne siamo dipendenti per il sostentamento, quindi è facile raccontarsi giustificazioni e storie per dare un senso a un comportamento scorretto e paradossale (*"Da domani smetto"*, *"In fondo tutti scaricano sul cibo quando sono nervosi"*) che in realtà sfugge poi al controllo e crea disagio. In fondo forse non ha senso parlare di dipendenza da cibo, in quanto tutti ne siamo dipendenti per vivere! Il cibo non rappresenta solo un grande piacere ma è anche quello più facile da ottenere. Si fa tutto senza il bisogno di un'altra persona e senza correre il rischio della relazione, il cibo è sempre disponibile. Se da un lato il sintomo del Binge Eating crea sofferenza in quanto ci si ritrova invischiati in una dinamica di dipendenza (una dipendenza fatta però di senso di colpa e disagio), spesso si aumenta di molti chili, dall'altro lato c'è un forte legame col cibo in quanto rapida soluzione che permette di reggere qualsiasi stato emotivo, strategia di sopravvivenza da tutto ciò che appare altrimenti non gestibile o troppo faticoso da sopportare con le sole proprie forze, ma soprattutto modalità automatica che diventa una routine abitudinaria difficile da interrompere senza aiuto.

Come nell'anoressia e nella bulimia avviene per il digiuno e il vomito, così nel Binge Eating accade per le abbuffate: **la vittoria sulla fame, l'iperattività fisica, il riempirsi di cibo sono comportamenti che generano gratificazione, soddisfano, inebriano.** Successivamente tale gratificazione va scemando e un altro aspetto emerge nel problema e nella sua gestione quotidiana: la ripetitività. Ora è essa stessa gratificante e tranquillizzante, non il comportamento in quanto tale. In questa fase le abbuffate e il Binge Eating non si nutrono di fame e di cibo, bensì di **abitudine e ripetizione.** Spesso le persone che arrivano in terapia si chiedono: *"ma forse è solo un problema di abitudine? Devo* *soltanto trovare il modo di smettere?"*. Invece, anche nella persona più motivata alla cura, anche nel soggetto più sofferente e più stanco del proprio sintomo e del problema delle abbuffate, ci sarà un'area di profondo legame con il disturbo alimentare, che resisterà a ogni forma di terapia. Questo legame con il problema cibo e abbuffate ha varie ragioni: il cibo e il riempirsi (come viceversa il sentirsi vuoti) sono un atto riparativo che la persona compie per sottrarsi a qualcosa di più pericoloso e angosciante (ansia, inadeguatezza, noia, vuoto esistenziale, bassa autostima, storie familiari difficili, eccetera). Inoltre la persona con Binge Eating (così come con anoressia) è molto legata e integrata al problema cibo, si identifica con le abbuffate o il digiuno, in un mondo e in una quotidianità fatta di abitudini, rituali, ripetizioni. Solo un percorso terapeutico per capire come gestire le proprie difficoltà e giornate senza ricorrere al cibo permette di liberarsi dal problema e di riprendere il controllo. Il digiuno o l'abbuffata diventano per la persona una modalità di risposta a suo modo "vantaggiosa", finalizzata alla conservazione di un equilibrio, personale o familiare. Anche il sintomo può avere una sua "utilità" e può proteggere da qualcosa che, chiuso a chiave all'interno, terrorizza veramente. La cura deve aiutare chi soffre di problemi col cibo non solo a distaccarsi progressivamente dal sintomo, dal digiunare o dall'abbuffarsi, ma anche e soprattutto a contenere l'angoscia sottostante senza focalizzarsi sul cibo, evitandolo o abusandone. A volte il cibo è una ricompensa, una consolazione in situazioni stressanti o traumatiche o dalla solitudine e allora anche la ricerca ossessiva del cibo assume il significato di un tentativo di "autoterapia" messo in atto per contrastare uno stato di sofferenza. Altre volte il cibo è un modo per punirsi, dalla mancanza di perfezione ideale che si vorrebbe perseguire o da situazioni esistenziali negative, quindi la restrizione o l'abbuffata con conseguente senso di colpa rappresentano proprio un modo per espiare qualche colpa o manchevolezza. L'autosabotaggio è una dinamica sempre presente nell'alimentazione incontrollata. A volte le persone con Binge Eating hanno nella testa una sorta di legge della vita dove 'non può andare tutto bene', allora quando tante cose sembrano troppo in ordine, andare bene e funzionare, decidono di autosabotarsi con le abbuffate. Perché non si può cambiare questa legge, e come farlo?

Diventa comune ascoltare persone che parlano di carboidrati, di grassi e calorie, e dimenticano le parole pane, olio, allegria, calore. Nel Binge Eating e nelle abbuffate il cibo ingurgitato senza controllo è paragonabile al sentimento "ingoiato", ai vissuti "mandati giù", modalità per trasferire sul corpo le ansie e le angosce della mente. Il mandare giù non risolve i problemi, ma li dirotta all'interno lasciandoli irrisolti. Il non sentirsi accettata, il percepirsi inadeguata in vari campi porta a ingoiare frustrazione sotto forma di cibo, cosa che non fa che aumentare la percezione di inadeguatezza e fallimento. Nelle persone che soffrono di Binge Eating emerge la terribile difficoltà legata all'assunzione di cibo, di quel cibo al quale non si riconosce più il valore originale di nutrimento, di ristoro, di piacere. Quel cibo al quale hanno pensato incessantemente tutto il giorno, che fino a qualche tempo fa credevano fosse il vero problema e che ora invece devono accettare, tornare a farselo amico. Ma cosa scatena questo comportamento? Da un punto di vista biologico, può condurre ad una forte ricerca di cibo la restrizione alimentare, ovvero il saltare i pasti, diete rigide, il digiuno o il non concedersi mai tali alimenti desiderati. L'effetto principale sul piano organico è la tendenza a mangiare fuori dai pasti, durante la notte o a spizzicare continuamente durante il giorno. Da una prospettiva psicologica è la **difficoltà a vivere la quotidianità con i suoi conflitti e le sue frustrazioni** a provocare la perdita di controllo. Così il cibo, subito disponibile ed immediatamente gratificante, diviene l'estremo tentativo di allontanare le sofferenze dalla coscienza. Ciò che nel corpo obeso pesa di più non è il corpo in sé, ma i pensieri e le memorie dei fallimenti passati. Spesso ci sono numerosi **insuccessi nella perdita di peso**: tante diete, farmaci per perdere peso, sbalzi di peso (effetto yo-yo), persino chirurgia bariatrica. Vedono le diete che ripetutamente si impongono come una cosa "sfigata", quindi il regime alimentare controllato dura 3 giorni e il 4° sgarrano, concedendosi di tutto, tanto che il cibo diventa una tossicomania, parallelamente alla sostanza per ricercare lo sballo, che però non arriva mai, allora ci riprovano con la compulsione al cibo.

Le persone con Binge Eating sono poco capaci di esprimere stati emotivi e di sostenerne l'intensità, di tradurre le proprie emozioni e formare costruzioni mentali elaborate, l'attività mentale dunque rifluisce sul corpo e **mangiare significa placare**.

"Avrei potuto mangiare fino a dimenticare di esistere, ma ho scelto di affrontare il problema. Sapevo che per cambiare davvero la mia esistenza avrei dovuto sopportare di sentirmi a disagio per un po' di tempo. Avrei potuto continuare ad anestetizzare il mio dolore con l'alimentazione compulsiva, con comportamenti che danno assuefazione, ma mi sono impegnata a cambiare e guarire. Voglio ascoltare il mio corpo e vivere la vita nel modo più pieno possibile, piuttosto che riempirla di cibo".

2.1. Perché mangiare senza controllo

Quali sono le caratteristiche del mangiare privo di consapevolezza? Nell'alimentazione incontrollata c'è una iper-reazione al cibo, una disconnessione dal normale senso di fame e sazietà, c'è una preoccupazione esagerata per il cibo e l'atto del mangiare. Il pensiero dominante è quello del **tutto-o-nulla**, appare una **bassa accettazione di sé**, disprezzo per se stessi (soprattutto conseguente ad un episodio di alimentazione incontrollata) e mancanza di saggezza nell'alimentarsi, come se le più elementari basi del mangiare sano venissero meno, e il rapporto col cibo sia il solo problema. *"Non sono più capace di mangiare, cosa e quanto, come, quando, non so più alimentarmi. Sono confusa col cibo"*: una possibile direzione nella cura è chiedere "In cosa altro ti senti confusa?", questo apre un possibile terreno di dialogo e di comprensione, al di là del problema cibo presentato come dominante e padrone delle proprie vicende esistenziali. Durante lo sviluppo di un problema col cibo le restrizioni, le abbuffate compulsive, il digiuno, il vomito, lo sport eccessivo o altri comportamenti disfunzionali utilizzati per il controllo del peso e delle forme del corpo, generano una introduzione caotica di nutrienti che determina l'innescarsi anomalo di risposte fisiologiche. Ne deriva una grave disorganizzazione dei processi implicati nella regolazione della fame e della sazietà. È bene riprendere a mangiare con regolarità, secondo ritmi precisi e naturali per affrontare il comportamento alimentare disfunzionale e ristabilire un contatto diretto con se stesso, con il proprio corpo e i suoi segnali. Guardare ai fallimenti o ai comportamenti disfunzionali relativi al cibo non fa che aumentare la frustrazione di chi sta combattendo la sua battaglia personale contro il cibo. Le abbuffate vengono spesso utilizzate in risposta a stimoli emotivi, siano essi positivi o negativi, quindi il non poter calmare questi stati emotivi o eventi stressanti con il cibo può determinare un aumento dell'ansia. Questo processo richiede tempo e pazienza, coraggio di guardare ai piccoli passi avanti piuttosto che alle scivolate. Occorre tempo per raggiungere modificazioni del comportamento alimentare più significative, dopo mesi o una vita intera passati a gestire le proprie ansie, stress ed emozioni, nonché le proprie relazioni attraverso il cibo.

Un'identità sempre più agganciata all'immagine corporea, un'offerta di cibo esasperata, l'enfatizzazione delle forme corporee e della magrezza, l'aumento dell'incidenza dell'obesità creano i presupposti per questo disturbo, nuovo e insidioso. Dopo un periodo di abbuffate frequenti che ha causato un aumento di peso importante la persona spesso tende a intraprendere cicli di *dieting*, tendenzialmente a forte carattere restrittivo e secondo le "mode" dietetiche del momento. Ma questo non fa che aumentare il problema delle abbuffate, in quanto la dieta interrotta da episodi di Binge Eating accresce la difficoltà a gestire gli stati emozionali senza ricorrere al cibo. Le persone con Binge Eating non si rendono conto che limitare l'assunzione di cibo, con una dieta o pasti regolari molto scarsi, predispone ad una successiva crisi e abbuffata. Una delle caratteristiche più significative delle abbuffate è la **perdita di controllo**: i pazienti riferiscono di cadere in una sorta di trance, durante la quale non sono capaci di controllare se stessi nei confronti del cibo che si trovano davanti, mangiare fa cadere in una specie di trance e fa smettere di provare sentimenti. Una volta innescato il meccanismo dell'abbuffata non è più possibile fermarsi né limitarsi, quasi come fosse presente in loro qualcosa che li spinge e li trascina nell'atto del mangiare, come se si spegnesse un interruttore. L'abbondanza di cibo oggi presente impone un controllo, ma l'idea stessa di controllo induce l'ansia legata alla paura di perdere il controllo stesso e, quando questo viene applicato alla volontà di sottoporsi ad una restrizione dietetica, ci si ritrova spesso a mangiare di più, in quanto il controllo cosciente della assunzione di cibo è molto più difficoltoso della ricerca spontanea di esso.

*"Ho 25 anni, mi sono resa conto di soffrire di alimentazione compulsiva, in inglese si chiama Binge Eating disorder. A quindici anni ho fatto la mia prima dieta, con buoni risultati, non ero magra ma nemmeno in sovrappeso, e mi andava bene così, il rapporto col cibo non era patologico. Poi continua la mia vita, il liceo, l'università, finché sbuca fuori la "vera me": una ragazza sola, triste, terrorizzata dalla vita. **Sento il bisogno irrefrenabile di mangiare, mangiare e riempirmi di qualche cosa**. Quando cerco di non mangiare sento male allo stomaco e a tutti i muscoli del corpo. Sono come una tossicodipendente in crisi d'astinenza. Non ce la faccio. Allora via verso dolci, pasticcini, cioccolata, gelati e torte. In mancanza di dolci, ogni cosa è buona, basta mangiare. **Mangiare è per me come ricevere affetto, carezze**: infatti dopo l'abbuffata mi sento distesa, rilassata come lo si è tra le braccia dell'uomo che si ama. **Senso di colpa: domani dieta!** Invece domani corro e acquisto quantità enormi di dolci. Sono golosissima. Mangio velocemente, nel mio cervello si fa il vuoto. Alle volte preferisco abbuffarmi davanti alla televisione, oppure mentre leggo o studio: in questo modo non vedo quello che mangio, né quanto, né cosa. Non provo fame, non sento il senso di sazietà. Quanto peso? Non lo so, le bilancia per me non esiste. Sì, sono ingrassata, parecchio, lo vedo dai vestiti che non mi stanno più, però non riesco a smettere..."*

Dopo una psicoterapia:

*"Ho scoperto che vivere è bello, avevo paura della solitudine, delle responsabilità. **Mi illudevo di riuscire ad appagare i miei bisogni, quelli***

affettivi, quelli sessuali, con il cibo. Errato. Se voglio qualche cosa devo conquistarmelo. Ho gettato la maschera e ho scoperto che dietro c'è un mare di cose, belle o brutte non mi importa. Credo nelle mie possibilità e non mi interessa il giudizio degli altri. Ho acquistato fiducia in me stessa. Finalmente sono contenta di accettare i miei errori. Vorrei dimagrire ancora un po', ma non è un'ossessione, il cibo è un amico. Non ho più paura dei dolci, riesco a mangiarne in quantità equilibrate e li gusto a fondo. E dietro la ciccia che scompare e al sintomo che se ne va, appaiono i miei bisogni di carezze e coccole, di sesso, di socialità e sicurezza. Ora credo nelle mie possibilità, nelle mie forze e nei miei mezzi. Voglio avere una vita e viverla fino in fondo, voglio apprezzarne i momenti piacevoli e imparare a gestire quelli negativi. Sono tornata libera e felice."

Le persone che soffrono di Binge Eating spesso non si rendono conto di avere un problema con il cibo fino a quando non arrivano a toccare il fondo! Il più delle volte quelli che hanno un'alimentazione compulsiva si giustificano dicendo che sono solo un po' giù, che un biscotto di troppo non farà mica male, che da domani si rimetteranno in riga quando vogliono, che possono farcela benissimo da soli, salvo poi ritrovarsi con una quantità di chili in eccesso difficili da eliminare...ma soprattutto si ritrovano coinvolte in un processo di regolazione emotiva connessa con il cibo e l'alimentazione che diventa davvero faticoso disinnescare! Quando si decidono a chiedere aiuto, i problemi legati al cibo sono ormai molto grossi, non riescono più a capire cosa desiderano, di cosa hanno voglia, non riescono più a fare a meno di determinati alimenti e, cosa più seria, hanno difficoltà a collegare le loro vicende emotive al cibo e al loro comportamento alimentare. All'inizio di un percorso terapeutico, se provano a capire perché usano il cibo in modo scorretto, non trovano nessuna connessione tra la loro alimentazione sbagliata, il rapportarsi al cibo in modo patologico e "malato", e le loro vicende emotive, i loro sentimenti di un determinato momento, le loro vicende esistenziali. Il riversare sul cibo ogni minima ansia, ogni problema, ogni difficoltà che non riescono a gestire psicologicamente, è diventato talmente un meccanismo automatico che non ne colgono più la ragione e i motivi veri che stanno dietro al problema cibo. Ripeto, spesso non si rendono nemmeno conto di avere un problema, anche minimo, finché non si ritrovano con un peso in eccesso sulla bilancia...Mangiare in modo compulsivo, cercando di sedare una chissà quale ansia o di colmare chissà quale vuoto o di dimenticare chissà quale problema, è diventato un processo abitudinario e non consapevole.

Non si tratta di trovare degli stratagemmi che vi tengano lontani dal cibo e dalla voglia (o forse sarebbe meglio dire dalla brama ossessiva) di mangiare, non è questione di volontà, altrimenti sarebbe così facile...perché sapete che vi fa star male, perlomeno male psicologicamente, "sfondarvi" di cibo, allora se fosse in vostro controllo razionale l'evitare le abbuffate, non sarebbe nemmeno un problema, una cosa che vi crea così disagio. Basterebbe dire: "Da domani basta, perché devo farmi del male? (per una cosa che non mi fa star bene, se non per un momento ristretto)". Invece è una cosa più forte di voi, del vostro controllo e della vostra razionalità. Allora che fare? È necessario lavorare e **riflettere sui risvolti emotivi nascosti dietro al cibo**: se la questione fosse semplicemente "oggi mi mangio un pacco di biscotti", il giorno dopo vi "rimettereste in riga" e stop, riprendendo un'alimentazione più equilibrata e senza eccessi che vi fanno star male. Invece non ci riuscite, spesso vi sentite in colpa per quanto esagerato e allora invece di smettere continuate sulla 'cattiva strada'. Ma a cosa vi serve? Quale scopo ha? È fondamentale imparare a uscire da questo loop e lavorare, attraverso un percorso psicologico, per farlo e interrompere i circoli viziosi. Insieme si potrà riflettere sul perché diavolo ho bisogno di mangiarmi un pacco di biscotti/un vasetto di nutella? Cosa mi danno le abbuffate in termini di beneficio psicologico?

Spesso, nelle persone che soffrono di Binge Eating disorder vedo e riscontro dei meccanismi assolutamente simili, che sicuramente avranno motivazioni diverse, ma che sono comunque presenti e che rendono difficoltoso uscire dal problema abbuffate. Il primo nodo cruciale è **"tutto bianco o tutto nero"**: a chi non capita a volte di esagerare col cibo e magari poi pentirsene visto il mal di stomaco o la difficoltà a digerire? Ok, questo inconveniente fa prestare più attenzione la volta successiva e per qualche giorno si sta attenti a cosa si mangia, ad alimentarsi bene. Invece, con un problema di alimentazione compulsiva, esagerare apre la strada ad una caduta libera, *"ormai ho sforato oggi, domani faccio lo stesso, visto che sono una stupida ingorda"*…e così via per giorni e giorni, finché non scatta un allarme e allora si ricomincia a mangiar bene ed equilibrato. **Perché quando si "sgarra" si ha bisogno del "troppo sgarro"?** È importante riflettere su questo e capire il motivo per cui non si riescono ad accettare sfumature di grigio. A questo si lega il secondo nodo cruciale che è il **desiderio di autosabotaggio**, un desiderio inconscio di punirsi, farsi male, castigarsi, non permettersi di stare bene, e allora ben vengano le abbuffate e i lunghi giorni bui, in cui manca il controllo sull'alimentazione e pur sapendo che così facendo si sta male, si continua imperterriti a torturarsi. Sarà importante domandarsi, durante un percorso di aiuto: perché in alcuni periodi non riesco a volermi bene e faccio cose che razionalmente so che non vanno nella direzione del mio benessere? Quale vantaggio secondario ne traggo? Da cosa mi difendo o proteggo? Cosa tengo lontano?

"Difficilmente la gente capisce realmente cosa provo. Ora tutti pensano che io stia bene, gli basta vedere che non sono più sottopeso per pensarlo. Non è proprio così. Io continuo a contare le kcal, continuo a preferire un'insalata ad una pizza. Davanti ai miei mangio poco. Se mangiassi realmente così poco, con il mio metabolismo e con le mie ore passate in palestra a bruciare calorie, dubito che peserei davvero così tanto. Ora sono arrivata ad essere decisamente sovrappeso, e tu non sai, non sai quanto possa pesarmi scriverti questa parola "sovrappeso". Cancello e riscrivo, cancello e la riscrivo. È così. Sai da cosa dipende? Dal fatto che io passo intere giornate da sola, a parte quando ho impegni; i miei vanno al lavoro, mio fratello esce. Io frequento un liceo, dunque c'è molto da studiare, eppure mi prendo quelle due ore dopo pranzo, in solitudine: mi metto davanti alla tv e sazio quel buco, quel vuoto, ci metto dentro di tutto, non ne ho voglia, eppure continuo a farlo. Mando tutto al diavolo e continuo, e più continuo e più mi rendo conto di aver

mandato tutto al diavolo, allora **esagero. Come se si spegnesse la lampadina della ragione**. *Poi studio e vado in palestra. La sera un grande sorriso e tutti insieme a cena. Difficilmente la gente sa cosa mi passa per la testa.* **Non sai quanto vorrei essere un'altra persona. Una di quelle normali, che non contano le kcal, che la palestra la frequentano per hobby e non per bruciare**. *Dunque forse nutro in me una speranza, vorrei che qualcuno mi portasse fuori da questo vortice malato. Scrivo perché sono nel pieno di una delle mie frequenti crisi, ed in questi momenti si è soli. Del tutto soli. Questa mattina mi sono svegliata, non ho fatto colazione, a pranzo ho mangiato normalmente, poi sono uscita di corsa. Ero contenta perché sapevo che avendo la giornata piena non sarei ricaduta...nel "vortice". Tornando a casa mi figuro il da farsi: entrare, fare la borsa della palestra e riuscire immediatamente. Decido di non andarci, in palestra. Non avevo assolutamente fame, eppure volevo qualcosa di più...volevo abbuffarmi e mandare tutto al diavolo. Quella giornata era stata troppo perfetta. Così scendo al supermercato e compro 3 barrette di cioccolato, torno su e mangio. Finisco una barretta, poi un'altra metà. Inizio a sentirmi male, ma continuo. Per cena (con il sorriso, come ti dicevo) mangio e quasi mi viene da piangere. Nella mia testa già penso a domani, alle kcal che ingerirò, al pranzo che salterò. In questi momenti sono sola, perché ovviamente non posso parlarne con chi non sa del mio problema, perché mi vergogno di ciò che sono diventata. Io che nemmeno li guardavo in faccia gli scaffali del cioccolato. Perché mi riduco così?"*

2.2. L'iceberg, ovvero cosa c'è sotto ai problemi col cibo...

Anche se anoressia e Binge Eating appaiono tanto diversi come sintomi nelle modalità di espressione, in realtà sottendono le stesse motivazioni e le stesse problematiche. Per molto tempo i disturbi alimentari possono rappresentare una sorta di "ancora di salvezza", la panacea per tutti i mali. I sintomi e le lotte col cibo diventano una forma di immunità ad ogni qualsiasi problema e difficoltà della vita. Non importa quanto le cose possano andare effettivamente storte, quanto la vita possa essere un completo casino, l'idea che sì, ma tanto sto restringendo l'alimentazione quindi ho il controllo, oppure ma tanto ho il cibo quindi mi (illudo) fa star bene, diventano un ritornello, una lampadina costantemente accesa nella testa.

Ho perso il treno e arriverò al lavoro in ritardo, e il capo si arrabbierà? *Sì, ma tanto sto restringendo l'alimentazione quindi ho il controllo.*

Quel colloquio di lavoro non è andato granché bene? *Sì, ma tanto posso tornare a casa e stramangiare per consolarmi.*

Ho litigato con la mia amica più cara ed ora sono giù? *Sì, ma tanto sto restringendo l'alimentazione quindi ho il controllo.*

Mi sento la più inetta tra tutti i miei colleghi? *Sì, ma tanto posso tornare a casa ed abbuffarmi per non pensarci.*

Ho litigato ancora con il mio ragazzo e continuo a temere che non voglia più stare con me? *Sì, ma tanto sto restringendo l'alimentazione quindi ho il controllo (ed essendo magra troverò altri ragazzi).*

I miei genitori non mi capiscono e mi rompono le scatole ogni momento? *Sì, ma tanto posso abbuffarmi per sopportarli.*

Non ho raggiunto l'obiettivo che mi ero prefissa? *Sì, ma tanto sto restringendo l'alimentazione quindi ho il controllo.*

...e così via.

Finché ad un certo punto, come un temporale d'estate, si arriva a capire una tristissima verità: in nessun modo la restrizione alimentare e la sensazione di avere il controllo su tutto, o il mangiare in modo squilibrato, possono attenuare le conseguenze degli errori e le cavolate che si fanno nella mia vita, il malessere e le cose che non funzionano per il verso giusto. I sintomi funzionano soltanto come una sorta di auto-affermazione, una specie di salvaguardia contro il crollo dell'autostima, ma assolutamente non risolvono un bel niente. Il restringere l'alimentazione e l'avere la sensazione di essere in controllo, il riuscire a digiunare e sembrare degli scheletrini, non rende in alcun modo persone migliori né tantomeno persone speciali o più interessanti. Mangiare fino a stare male e abbuffarsi fino a cancellare i pensieri negativi non rende in alcun modo persone più felici o più spensierate. Ciò non arricchisce in alcun modo la vita. In effetti, paradossalmente, il restringere l'alimentazione, pur facendo sul momento percepire un'illusoria sensazione di controllo, alla lunga dà così tanti problemi che non sto a tediarvi nel descriverli tutti. Allo stesso modo il vomitare e l'alimentazione incontrollata. Perché, alla fine, tutto quello che l'anoressia, la bulimia e il Binge Eating lasciano dentro è il vuoto. Quel senso di vuoto che si pianta in testa e rimane sempre lì, preciso identico. Perché il vuoto che deriva dall'anoressia, e dagli altri problemi col cibo, è vuoto vero, ed è una cosa tremenda. Sta a voi scegliere se andare avanti a svuotarvi o chiedere aiuto.

"Purtroppo il vuoto mi ha sempre accompagnato, nell'anoressia perché pensavo di meritarlo e forse inconsciamente le attenzioni derivate dalla magrezza mi facevano stare bene, poi nel Binge Eating perché era meglio sentire la pancia fare male che sentire il male del cuore, tanto a chi poteva importare di me...Ce l'ho sempre qui il vuoto, ci provo ma non ci riesco!"

*"Non so cosa mi succede....**sono insoddisfatta, digiuno, poi mi abbuffo, non riesco a non pesarmi e misurarmi ossessivamente, tutti i giorni, più volte al giorno**, e riordino compulsivamente qualsiasi cosa, ho smesso di comunicare con tutti, di nuovo, evito le persone...le situazioni sociali, i pranzi collettivi...e ora questa cosa del veganesimo a cui mi sono avvicinata mesi fa, mi sta rovinando ancora di più, forse. Perché all'inizio mi ha aiutata, ho imparato a cucinare, a rendere il cibo positivo, bello, innocuo, colorato, e poi lo controllavo facendolo io....Ora nelle abbuffate mangio tutti gli alimenti "proibiti"....e quando sono lucida non riesco*

*assolutamente a toccarli, invece spesso mi accorgo di mangiare per farmi del male, per sabotarmi, per punirmi...**in troppi se ne vanno come se il mio fosse un capriccio**. E so che da sola non ce la faccio. Io al momento odio il mio corpo, non posso guardarmi, mi odio e quest'odio alimenta le abbuffate e alimenta la rabbia verso gli altri e la chiusura in me stessa, ormai lo so! Quest'estate le persone mi hanno fatto notare che ero dimagrita...e in me è scattato un antico compiacimento...quel piacere orgasmico del sentirsi dire "quanto sei dimagrita! ma mangi vero?"...è orrendo da dire ma mi commuove quasi...e più le persone fanno commenti sul mio corpo, più l'ossessione si fa intensa e più restringo, e più le abbuffate si fanno frequenti e...ingrasso! E più ingrasso più mi deprimo...La lotta col cibo ha un suo schema, sue abitudini, suoi saperi e riti, abitudini comportamentali e modi di pensare che ho dentro da anni. E ora tutto ciò sta prevalendo al punto tale da cancellare il resto. Mi piace il vostro sito (www.spazioaiuto.it). Mi ci ritrovo, non scrivete cazzate. Voi potete capirmi. Capirete che sto scrivendo per non correre al frigo.*" (Irene)

Il cibo, l'alimentazione, i chili, la bilancia, sono un capro espiatorio per coprire altri problemi e disagi sottostanti: essi non sono che l'epifenomeno di un disturbo interiore che in realtà ha poco o niente a che fare con il cibo e il corpo. La restrizione alimentare, l'abbuffata, il vomito, il mangiare in maniera smodata sono nella realtà dei fatti delle strategie di coping per affrontare le problematiche della vita, ovvero delle maniere che il soggetto ha trovato e considerato funzionali per fare fronte a ciò che lo spaventa o non lo soddisfa oppure lo fa soffrire, o per comunicare in famiglia e così via. Lavorare solo sul sintomo non permette di scavare e mettere faccia a faccia con i veri problemi che si celano sotto al disturbo stesso; non è certo un passo facile comprendere e ammettere che dietro al disturbo del comportamento alimentare si nascondono altre cose, così molteplici e variabili da persona a persona - fatiche personali, limiti difficili da accettare, disagi nelle relazioni, necessità di controllo, bisogno assoluto di perfezionismo-, proprio perché il sintomo esiste proprio per la necessità di nascondere questi problemi. Peccato che alla fine questa pseudo-soluzione adattativa porti

55

con sé invece una marea di "effetti collaterali" ben peggiori dei problemi che stavano a monte. Solo che la persona che ci è caduta dentro se ne accorge spesso troppo tardi...Come primo passo è importante capire gli eventi e le vicende scatenanti che precedono il sintomo, cosa ha portato a restringere l'alimentazione o che cosa ha scatenato un'abbuffata? Perché ieri ho deciso, magari anche in maniera non consapevole, di mangiare poco oppure mi sono abbuffata? Vedere e ammettere cosa sta a monte del disturbo è la prima cosa per mettere a fuoco la vera natura dei problemi legati e sottostanti al disturbo del comportamento alimentare. E così lavorarci sopra, all'interno di una relazione terapeutica di sincera fiducia.

L'anoressia non è una dieta, non è un capriccio. L'anoressica non è una ragazzina fissata con le diete, che vuole fare la modella, che non mangia perché non ha fame e perché vuole dimagrire. L'anoressia è una malattia psicologica, è il segnale di un disagio che si manifesta attraverso il corpo. La persona con anoressia è una ragazza che grida il suo forte bisogno di aiuto attraverso il digiuno e la restrizione, che sta male nonostante manifesti una facciata di perfezione e "va tutto bene". Dietro al pensiero del cibo, del peso, delle calorie, dei chilogrammi si nasconde un universo di sofferenza, di fatiche, di disagio, di problemi con se stessa e con il mondo. E tutte queste cose vengono messe in ombra dal disturbo, che prende a occupare la totalità della mente della ragazza e a tenerla lontana da ciò che veramente la spaventa. **Il sintomo alimentare è solo una cortina fumogena per celare le vere problematiche** e la sola strategia di sopravvivenza che la persona con anoressia ha trovato. Una strategia di sopravvivenza però che mette a repentaglio la vita, la propria pelle. E pensate davvero che arrivata a XX chili la ragazzina sarà contenta, si piacerà e si fermerà? No, certo è solo un'illusione, ma quando se ne accorgerà sarà troppo tardi. I pensieri malati saranno padroni della sua mente e difficili da estirpare. L'illusione del controllo avrà inebriato i suoi meccanismi mentali, facendola sentire una semi-dea. Ma quando si renderà conto che questo controllo non serve a niente nella realtà, che il digiuno e il dimagrimento non risolvono alcunché, dura è la salita dal profondo del baratro! Solo un lento e faticoso percorso terapeutico potrà salvare la malcapitata. A poco serve il recupero del peso in sé se non è accompagnato da un recupero della fiducia in sé e del proprio valore, indipendente da chili e calorie. La bulimia non è un'anoressia riuscita male. La persona con bulimia non è una ragazza con scarse capacità di autodisciplina, che non si sa controllare e che vuole dimagrire. La bulimia è un problema serio, poco visibile dall'esterno ma con una grossa sofferenza all'interno. La ragazza con bulimia è una persona che sta male, che vive di sensi di colpa e di fallimento, che riversa nel cibo e nel gabinetto tutte le proprie mancanze e i personali dolori. L'obesità non è un comportamento alimentare scorretto. L'obeso non è una persona troppo golosa o troppo indulgente con sé stessa. L'obesità è una malattia, **l'alimentazione è solo il comportamento, ma sotto ci stanno altre cose** (gli atteggiamenti verso sé stesso, i modi di affrontare la vita e le difficoltà, i 'giochi' familiari, eccetera), e sono queste che vanno cambiate. Una terapia appropriata deve transitare da una correzione dei propri funzionamenti interni, dei funzionamenti esterni e del contesto relazionale, oltre che da una modificazione delle proprie abitudini alimentari.

L'obiettivo sarà quello di combattere il senso profondo di disvalore della persona, placato solo dal tentativo di avere e di mostrare un controllo e un potere sovrumani, sfidando sé stessa, la propria fame, il proprio corpo bisognoso, distruggendolo con vomiti e purganti o abbuffate. Sin dal primo contatto con la paziente e i suoi familiari si deve sottolineare in primo luogo la sofferenza personale che il sintomo alimentare esprime e quindi la necessità di **capire la funzione del sintomo: "Quale disagio di fondo è curato ora dal disturbo alimentare** (anoressia, bulimia, o Binge Eating e alimentazione incontrollata)?". Nella loro estrema magrezza, o nell'abbandono al cibo, credono di aver trovato la soluzione perfetta dei loro problemi, pensano di poter ottenere così il rispetto che è loro mancato per tutta la vita. Non si lagnano della loro condizione, al contrario, se ne gloriano, oppure si lamentano, ma non fanno nulla per modificare alcunché. Ma ciò nonostante nella maggior parte dei casi si rendono conto che c'è qualcosa di sbagliato nel modo in cui impostano la loro vita e che hanno bisogno di aiuto nella loro infelicità. Ogni qualvolta si sono trovati di fronte ad una situazione ansiogena, hanno evitato di risolverla e si sono abbandonati ad un'abbuffata; non sono disposti a fare a meno di questa via di scampo in cambio del vantaggio, apparentemente dubbio, di vivere una vita meglio impostata. Ma alla fine devono affrontare le questioni di fondo, e quanto più presto si interrompono le manovre ingannevoli, tanto maggiori sono le speranze di una vera risoluzione della malattia.

*"A me non è stata offerta una scelta, non mi sono stati detti i rischi che correvo, nessuno mi ha fermato quando ancora ero in tempo per tornare indietro, non mi ha detto nessuno che è un inferno schifoso da cui non uscirai mai. Un tunnel senza fine. Buio e oscuro. Senza via d'uscita. Ci sono finita dentro quasi per caso, senza sapere a cosa andavo incontro, non avevo idea dei rischi che avrei corso, non sapevo che una volta entrata in questo mondo non ne sarei più potuta uscire. Non avrei mai immaginato di avere paura del cibo, di piangere davanti a una tavola imbandita, oppure di strafogarmi di ogni cosa, per poi finire a vomitare o fare esercizio fisico compulsivo. Io ad avere paura del mio riflesso e ad essere schifata letteralmente da me stessa, mentre da piccola mi adoravo coi miei chiletti in più...voglio di nuovo l'innocenza di una bambina. E l'amore per me stessa. Eppure l'anoressia, nel soggetto malato, crea sicurezza, quasi come un rifugio dove tutto è sotto controllo. Il controllo... già, è tutta questione di controllo, ti pare di avere il controllo su tutto e su tutti, il sintomo ti infonde l'idea che non può mai capitare qualcosa di brutto e di bello, perché tutto è programmato accuratamente, dal modo in cui passare le giornate, al tempo per svolgere determinate azioni, a cosa mangiare e no. Quando riesci a crearti questa armonia che pare quasi fantastica, perdi del tutto la coscienza che il mondo muta, che è in pieno cambiamento, sei solo tu che rimani indietro, in una sfera temporale bloccata al solito tran tran giornaliero. Ti pare tutto normale, tutto calmo, in fondo riesci a seguire i tuoi schemi, e scompare la voglia di "trasgredire" perché **nel sintomo ti senti sicura**. Ti senti forte e giusta, ti senti onnipotente. Ma più forte di chi, io mi chiedo? È vero, la malattia mi dava sicurezza in molte occasioni, anche a scuola, pensavo che i voti belli arrivassero solo perché*

io potevo controllare il mio corpo e le mie esigenze, ovvero, non le prendevo in considerazione. Mi alimentavano solo quei voti alti che raggiungevo nelle verifiche e nelle interrogazioni, e più andavo su, più il mio umore e la mia malattia peggiorava. Già, sembra un controsenso. Quei voti in realtà non mi facevano né caldo né freddo, il controllo sul cibo mi dava molta più estasi e inganno di primeggiare. Sto cercando di cambiare mentalità. Di mettere al primo posto le mie esigenze e la mia salute, il resto viene dopo. Voglio imparare a volermi bene."

Studiando le dinamiche presenti all'interno di famiglie con figli in lotta col cibo, si constata che il vero problema non sono tanto i sintomi quanto i significati che questi vengono ad assumere in ogni specifico gruppo familiare. Se presi unicamente come disturbo mentale, intrinseco all'individuo che li presenta, porteranno alla ricerca da parte del soggetto o dei genitori di "che cosa si è rotto nella sua testa". La persona in difficoltà diventa materiale di studio e di sconvolgimento degli equilibri familiari ed il suo comportamento anomalo diviene il crogiuolo della sofferenza personale e familiare e la ragione ultima dell'intervento terapeutico, a cui si demanda con disperazione la soluzione di un problema senz'altro complesso.

Un modo differente per impostare il problema è quello di considerare la famiglia come risorsa attiva, depositaria di malesseri profondi quanto di energie vitali e risorse, talora imprevedibili. Il primo passo è allora quello di spostare l'attenzione dal rimuovere il sintomo al comprenderne i significati in ciascuna famiglia e proprio in quello specifico momento del suo ciclo vitale. Chi vive in quell'ambiente e ne condivide la storia evolutiva, se aiutato a riscoprire le proprie risorse interne, potrà fornire informazioni e risposte più utili e interessanti di quelle di esperti esterni.

Spesso è convinzione comune che l'obiettivo primario sia l'eliminazione dello stato di malessere, della sofferenza personale. Nei casi in cui il terapeuta, in base alle sue teorie e ai suoi pregiudizi, ritiene che la risoluzione del problema presentato non sia il problema principale ma un epifenomeno di qualcos'altro da esplorare, gli obiettivi possono mutare. Nella cura si cercherà di creare con la persona un contesto terapeutico di comune esplorazione e ricerca in cui la globalità del soggetto occuperà la posizione centrale, insieme con le sue relazioni. In questi casi, i sintomi perdono di importanza e vengono considerati il risultato di conflitti interni o relazionali, mentre assume primaria importanza la natura della relazione che il soggetto ha con sé stesso, con il proprio mondo interno e il mondo esterno, con la famiglia e con la propria storia, nonché della relazione che si stabilisce tra terapeuta e soggetto.

3. CORPO E IMMAGINE

"Ma ti giuro che da sempre io punto all'eccellente, se devo avere poco scelgo di avere niente....La vita la puoi comprendere solo se senti il vuoto....Io ti giuro voglio solo che un giorno si sappia che in una spiaggia resta unico ogni granello di sabbia."

(Cit. "Sabbia", Ultimo)

Corpi statuari, se non proprio fisici da modella, di certo corpi armonici, tonici, giovani, freschi, pronti ad esplodere di vita, eppure tanto odiati, maltrattati, vissuti male, oppure corpi sovrappeso, ingombranti, curvy, rinchiusi in una sorta di tuta di grasso, ingabbiati in un'armatura tanto difensiva quanto odiata di cellule grasse ipertrofiche, ma soprattutto detestati, sviliti, disprezzati, snaturati, innocenti vittime di dismorfismo, martoriati col cibo negato o dato in eccesso o con lo sport, eccessivamente criticati...questi sono i corpi delle persone in lotta con il cibo, che sempre hanno una relazione difficile col proprio corpo: lo hanno riempito di cibo fino alla nausea o fino a scoppiare, lo hanno affamato fino al limite di sopravvivenza, sfiancato di allenamenti, nascosto nei vestiti, poco valorizzato, coperto di insulti, lo hanno torturato con giudizi negativi e impietosi, magari lo hanno dimenticato, mai ascoltato, non considerato, vissuto come inesistente, fastidioso, ingombrante, imbarazzante, **hanno negato al corpo di provare piacere e poterlo dare. Un corpo che non va mai bene, a nessun peso**. Ma quello che non va bene è solo la testa, solo la nostra visione di noi stessi ci permette di avere un rapporto positivo o meno col nostro corpo, a qualsiasi peso o misura. Passiamo una montagna di tempo a parlare a noi stessi, alcuni pensieri sono automatici e reazionari, ma abbiamo un enorme potere nel decidere a quali di questi pensieri dare importanza e valore. Il peso che le persone in lotta col cibo dovrebbero perdere non è quello fisico, ma il peso dei propri pensieri, che canalizzano sul corpo, così facilmente oggettivabile e tastabile, pesabile e misurabile, riversandovi sopra ogni disagio personale. Come fare allora per liberarsi da questi pesi mentali e riacquistare un rapporto sereno e vitale col proprio corpo? Una psicoterapia è sicuramente la strada migliore, insieme a tanto desiderio di fare pace primariamente col proprio corpo, oltre che col cibo. È impressionante come spostando il focus e la luce del riflettore dal corpo, dal peso, dalla forma fisica e dal cibo a cosa ci sta dietro, a cosa si nasconde sotto, a cosa si cerchi di dire e comunicare con queste fissazioni, o a cosa si cerchi di evitare, si possano scoprire cose illuminanti, insperate rivelazioni su sé stesse. Ho chiesto a tante ragazze che ho seguito di scrivere una lettera al loro corpo, ne sono emerse lettere toccanti, testi commoventi, che desidero in parte riportare in questo capitolo.

"Caro corpo,

entrambi sappiamo quanto male ti ho fatto. Non esitare a ricordarmelo perché lo sento, sento le conseguenze: sento la gastrite, il male di pancia, la costipazione e l'intestino irritabile, quando guardo le mie occhiaie, i miei capelli spenti e le unghie che si rompono anche se le porto sempre corte, mi ricordo di tutto quello che ho fatto. E davvero mi dispiace. Ti ho odiato per tanto tempo perché mai eri abbastanza, a volte ti sentivo gonfio e grosso e altre volte troppo magro. Ti comparavo con i corpi degli altri: delle mie amiche, delle modelle, degli sportivi, dei bambini, dei vecchi, dei miei genitori, e non mi piacevi. Ti volevo diminuito, piccolo, ma attivo e vitale, e solo oggi mi rendo conto dell'impossibilità di quell'idea. Ci sono 2 cose che non mi piacciono di te, la pancia e il sedere, anche se dimagrivo ed ero sempre più debole la pancia rimaneva un po' più fuori, sempre ho saputo che è la forma del mio corpo e il ventre nelle donne sempre sarà più pronunciato, diamo vita ai figli no? Il sedere era sempre poco e tendevo a pensare che senza sedere la pancia si notava di più. So che è strana la mia forma di pensare in quel periodo, ti ho fatto passare tanta fame e fare tanta attività fisica per farti il bene di essere bello. Ho portato tutto all'estremo. Ho passato giorni e sere in cui so che provavi tanta fame a mangiare diversi pasti molto puliti, che -lo so- a volte non sanno di niente. Ho iniziato ad abbuffarmi cercando di mangiare tutto quello che ho stabilito come vietato e fare mega "cheat days" (giorni di sgarro), a prendere lassativi in forma irresponsabile e praticare sport esageratamente per smaltire e trovare l'equilibrio. Mi dispiace tanto obbligarti ad essere parte di quel circolo senza fine che tanto ti ha distrutto, so che a volte non riesci a dormire per questo, so che adesso non tolleri alcuni alimenti, e sei pieno di paure e dolori. Ti ho utilizzato per coprire altre cose, per non pensare a niente altro. Oggi mi rendo conto della tua importanza, senza di te non sarei arrivata fino a qui. Sei il mio unico veicolo per raggiungere i miei sogni e sono stata una stronza nel non rendermene conto e danneggiarti. Per questo, voglio chiederti scusa e soprattutto ringraziarti per essere stato così bravo, sopportando i miei errori e approfittando al massimo delle poche cose buone che ti ho dato. Oggi le tue cicatrici mi ricordano che sei un guerriero e che sai che magari tutto ciò era necessario per portarmi avanti. Sei forte come la mia anima e dolce come il mio cuore, e credo che per questo sei riuscito a sopravvivere. È molto difficile accettarlo, ma farti male mi ha tenuto viva: pensare solo a te, al tuo aspetto, a correggere i tuoi difetti, a odiarti e a volte amarti, a cercare di farti bene facendoti male, mi ha allontanato dai problemi che avevo in casa, dall'odio che c'era tra i miei genitori, dalle ragazze della scuola, da ciò che mi mancava. Odiarti corpo e ossessionarmi con il cibo, lo sport, lo studio mi ha permesso di non pensare a quello che direbbero gli altri di me. A volte credo che sei stato tu a salvarmi e ad aiutarmi a vivere i peggiori anni della mia vita senza impazzire. Sei stato tu a rendermi forte e dura. Vorrei dirti che non ti farò più male, ma ancora faccio un po' di fatica ad ascoltarti e guardarti come sei. Io ti voglio bene e sto imparando a curarti e capire cosa ti fa sentire meglio, ma a volte tutto è molto confuso. E devo essere sincera, non ci sarà nessun giorno in cui io non lotti per capirti e darti tutto quello di cui hai bisogno, ma so che farò tanti errori. A volte vorrei non nasconderti in vestiti più larghi e non giudicarti tanto, ma ancora lo faccio e mi dispiace. Ti giuro che ci sto lavorando. E spero che presto io possa sfruttarti e mostrare al mondo la tua bellezza, la tua naturalità, sentendomi sicura e orgogliosa di me stessa. Soprattutto spero di riuscire a scrivere le cose che mi piacciono di te, so che non sono riuscita a dirlo in questa lettera. Ti chiedo ancora un po' di pazienza, so che manca poco, appena sto conoscendo il vero equilibrio, presto sarà nostro. Mi propongo di amarti come tu lo fai con me."

Le ragazze che vomitano XX volte al giorno o quelle che pesano XX Kg per un metro e XX o che si abbuffano frequentemente affermano: *"Io sto bene così, mi sento libera! Cosa faccio di male? Non do fastidio a nessuno, lasciatemi in pace!"*. Quel lasciatemi in pace ha valore assoluto: pace dai sensi, dall'obbligo di relazioni con il mondo esterno, dal dare, dallo scorrere della vita, dalle pretese del corpo. Lassù nella testa i pensieri si aggrovigliano: controllo bilancia, rendimento a scuola, via al supermercato, abbuffata, vomitare, controllo bilancia, controllo specchio, tuffo nel balletto, controllo bilancia, frigorifero, performance sul lavoro, prima assoluta nello sport, controllo pancia, frigorifero, vomito, controllo cibo, ricerca del lassativo, movimento nella ginnastica, controllo bilancia, controllo peso, controllo specchio, conteggio calorie, palestra, abbuffata, senso di pienezza...via di nuovo, controllo bilancia, controllo cibo, controllo pancia e cosce, ancora palestra. Frigorifero, dispensa ("dove ho nascosto il cibo?"). Poi i 'No': sono no l'alimentazione normale, l'acqua, l'amore, la femminilità, la sessualità, le relazioni amorose, le cene con gli amici, il lasciarsi cullare dalle onde del vivere. No alle sensazioni, alle delusioni, all'andare verso l'altro, alla bellezza, all'ascoltare il corpo. Il corpo diventa il solo campo in cui essere in grado di esercitare la propria autorità, in un mondo che pretende troppo.

Troppe volte - ed erroneamente - si è descritto l'anoressia in modo riduttivo, prendendo alla lettera la descrizione dell'etimo. Vero è che anoressia è sì la **mancanza** di appetito, ma non dell'appetito di cibo - che della malattia è un epifenomeno - ma **dell'appetito di vivere**. Il credere che sia solo mancanza di appetito (o ripugnanza per il cibo) ha spesso conseguenze nefaste sulla terapia del disturbo alimentare. Infatti medici e genitori sono lì a scrutare il verdetto della bilancia, che se segna il chilo in più, suscita atteggiamenti di compiacimento nei confronti dell'ammalata (*"Guarda che brava, hai messo su 350 grammi!"*), ma se segna qualche grammo in meno produce costernazione o rabbia. Ma c'è di peggio: in alcune situazioni si fa strada una nuova tendenza che è quella di fregarsene del "chilo in più chilo in meno"! Certo: la cura dell'anoressia non deve transitare soltanto dalla statistica del peso, ma ciò non significa che l'importanza - seppur relativa - di questo fattore debba essere disconosciuta o, addirittura, negata. Solo un corpo armonioso, che sente vibrazioni e sentimenti è in grado di provare appetito di vita, è ricettivo agli stimoli del mondo esterno, quindi alla realtà; solo un corpo nel quale l'energia scorre, un corpo vivo e sano, può aprirsi alla rieducazione, alla terapia, se questa è intesa come un training alla vita e non come palestra del pensiero o luogo nel quale far ballare il corpo come una marionetta sostenuta dai fili dell'irrealtà. Solo un fisico aperto, ricettivo, può produrre pensieri legati alla ineluttabilità del vivere. E un corpo non può consistere solo di pelle, ossa e qualche organo interno che, a fatica, mantiene in vita quel cereo mozzicone che stenta a dare luce. E nemmeno un corpo che ha perso le sue fattezze femminili, le sue forme perché nascoste tra le pieghe del grasso, un corpo obeso che racchiude un fisico normale ma intrappolato sotto strati di grasso.

"Indossa quella maschera, dietro cui si nascondono fantasmi terribili. Dimostra di essere contenta quando scopri che il peso è stabile e non è sceso nemmeno di un grammo. Quello è il tuo obiettivo, il peso, il corpo: una gabbia che costruisci tu, giorno dopo giorno. Poi inizi a colorare la gabbia di verde, verde speranza, inizi a battere contro quei muri e quel ferro che rinchiudono mente e corpo in un luogo troppo stretto e freddo. Inizi a scorgere una luce, e vedi una strada....Sarà quella giusta? Non lo sai, ma è davanti a te. Voglio chiedermi scusa per tutte le volte che mi sono insultata, che mi sono data della "deficiente", della "sbagliata e debole", tutte quelle volte che mi sono odiata per ciò che ero e sono...Mi vorrei chiedere scusa per tutte le volte che mi sono procurata del male fisico, affamandomi o abbuffandomi...Mi chiedo scusa per le ore che passo davanti allo specchio della mia stanza a fissare in modo ossessivo questo corpo che mi sta stretto, che non mi piace, che vorrei rendere perfetto, snello e in forma. Mi chiedo scusa per tutte le volte in cui mi

sono autoconvinta di voler guarire, per tutte le bugie che mi sono detta, ripetendomi "io voglio guarire", mentre dentro di me pensavo già ai trucchi del mestiere per mantenere o perdere peso, perché il mio obiettivo era tutt'altro che lasciare la malattia, era raggiungere un peso al limite, ma io ero onnipotente e ce l'avrei fatta. Mi chiedo scusa per quando, ancora adesso, ogni tanto mi inganno da sola, quando cado, inciampo, do retta a quella vocina dentro di me che mi dice di continuare a renderla partecipe della mia vita, ma io poi so che diventerà la protagonista della mia vita, e io, come uno spettatore, assisterò al dramma che metterà in scena...Mi chiedo scusa per tutte le volte che mi sono proibita di godere delle cose semplici che la vita ci offre, dal rapporto con la natura al rapporto con le altre persone, solo perché dovevo essere ligia al dovere, dovevo essere perfetta, in tutto...nella scuola, nel lavoro, in casa...Mi chiedo scusa. Ora il passo successivo sarà accettare queste scuse."

Detestare il proprio corpo: detestare la propria immagine, è uno dei fattori che spinge alle abbuffate. Il pessimismo, la vergogna del proprio aspetto, raramente ispirano le persone a intraprendere cambiamenti positivi. Molte persone sostengono che smetteranno di odiare il loro corpo dopo che avranno raggiunto il traguardo di perdere peso e non riflettono sul fatto che, prima di tutto, per interrompere il ciclo della fame emotiva, bisogna prima smettere di odiarsi. Queste persone, soffrendo di una **profonda insoddisfazione nei confronti di sé stesse e della loro vita**, trasferiscono tale insoddisfazione sul proprio corpo. Il corpo viene allora trattato come un qualcosa di estraneo che bisogna proteggere dal pericolo di diventare "grasso" o di perdere il grasso nel caso del Binge Eating disorder, cosa che questi soggetti ottengono attraverso una disciplina eccessiva e un super-autocontrollo o viceversa una totale mancanza di controllo, un concedersi di tutto salvo poi avere una vita fatta di sensi di colpa. L'espressione del disagio si manifesta con l'inaccuratezza della percezione e del controllo delle sensazioni corporee, il non vedersi per come si è oggettivamente che sfocia nel dismorfismo corporeo, la confusione circa i propri stati emozionali e una grande paura della disapprovazione sociale e del giudizio. La ricerca accanita della magrezza o il rifugio dietro al grasso possono essere visti come il **tentativo di camuffare i problemi sottostanti**. La loro vita si basa su alcuni falsi concetti, magari appresi in famiglia, che bisogna rendere espliciti e correggere in psicoterapia. Nel profondo, ogni individuo con problemi col cibo è convinto di essere fondamentalmente inadeguato, di poco valore, mediocre, inferiore e disprezzato dagli altri, mentre all'esterno può mostrare una facciata di perfezione apparente oppure deve ricercare questa sensazione di adeguatezza nel corpo. Vive in un mondo immaginario assunto come reale, dove avverte che la gente intorno a lui, dalla famiglia al lavoro, lo guarda dall'alto in basso con disapprovazione, pronta a criticarlo appena possibile. Tutti gli sforzi, il lottare per raggiungere una magrezza eccessiva o il rimanere nascosti dietro strati di ciccia o dietro la "consolazione" del cibo, sono diretti a mantenere nascosta la pecca fatale della sua fondamentale inadeguatezza e la sua insoddisfazione generale. Così sono riluttanti ad abbandonare la **"sicurezza" della loro esistenza da cadaveri o da obesi**.

Rispetto al corpo, il pensiero delle persone con problemi alimentari è: devo essere magra → mi serve per piacermi→ ho bisogno di star bene con me stessa→ sarei più sicura→ mi sentirei meno a disagio in mezzo agli altri. Allora la domanda è: cosa altro potresti fare per stare meglio con gli altri? Spesso queste persone si sentono grasse o meno anche se il peso sulla bilancia non varia (il sentirsi grassa è come un'onda che va su e giù a seconda degli stati emotivi anche se il peso reale è una linea retta). Spesso chiedo anche: cosa fai quando non ti piaci? Cosa pensi quando non ti piaci? Cosa dici a te stessa per fronteggiare il problema? Provando a fare una previsione di situazioni di successo (esempio aver perso determinati chili), si può fare una immersione nel nuovo corpo e domandarsi: Come saresti con X Kg in più o in meno? Cosa penseresti di te e cosa penserebbero gli altri? Cosa potresti fare di diverso? Spesso ciò che conta non è l'oggettività della propria immagine, ma i propri sentimenti verso di essa. Le persone con binge eating e sovrappeso si sentono addosso come un cappotto, quando fa caldo *"voi, donne normali vi svestite e state in bikini, noi col burka"*, e questi vissuti negativi sul corpo non fanno altro che sostenere le abbuffate, farsi male mangiando troppo.

"Caro corpo,

volevo dirti che mi dispiace. Mi dispiace di non essermi mai presa molta cura di te, di non aver mai creduto nelle tue possibilità e di averti sempre messo in secondo piano. Più ci penso e più mi accorgo di fare fatica a pescare dalla memoria un momento in cui mi sono sentita in pace e armonia con te. Già da molto piccola, alle medie, mi sentivo sempre diversa dalle mie compagne, più grassa, più brutta, destinata ad essere sempre l'amica di tutti ma non di più, e sentivo crescere la paura di non trovare mai un fidanzato, e mi vergognavo. Crescendo ci ho messo del mio. Invece di cercare di valorizzarti e di credere che potessi essere diverso, più atletico, più snello, più attraente, ho deciso di placare tutte le mie ansie mangiando, senza badare agli effetti che questo avrebbe avuto su di te. Una trappola: mangiare perché ci si sente brutti e inadatti, diventando ancora più brutti e inadatti. Sono disposta a sentire dolori di stomaco, affaticare il fegato, assetare la bocca e magari avere un bel mal di testa il giorno dopo, in cambio di dieci minuti di estasi per la mia mente, che poi sappiamo bene essere illusori e portare a sensi di colpa e malessere. Mi rendo conto solo ora del male che ti ho fatto e che mi sono fatta non considerandoti mai all'altezza e quindi una causa persa: certo è più difficile rinunciare a un dolce o una pizza se non credo che tu possa davvero cambiare. Voglio farti una promessa: cambierò la mia idea su di te. Quello che è stato è stato, ma anche se per X anni non sono stata soddisfatta di te, corpo, potrò sempre esserlo in futuro. Non è un destino scritto il mio, si può cambiare e io ho il potere di farlo. Prometto che cercherò di ascoltarti, curarti, e darti quell'importanza che non ti ho mai dato, prima di decidere che cosa mettere in bocca."

Oggi si assiste ad un brutale ritorno al materialismo. Un materialismo che mette in secondo piano i cosiddetti valori interiori e premia l'apparenza. **Apparenza** soprattutto, apparenza come must. Se ciò che appare coincide con i modelli che vincono, allora conferme e approvazioni sono garantite. Credo che con questo semplice teorema si possa capire l'espandersi di palestre, centri di bellezza, consulti di nutrizionisti, ginnastiche varie, diete strampalate e tutta quella roba che si enuclea intorno all'apparire. Non è quindi assurdo, né semplicistico, il dividere il mondo tra belli e brutti: ai primi un'ampia possibilità di soddisfare le proprie ambizioni e aspettative, ai secondi vita da "Cenerentole prima della venuta del Principe". C'è forse da stupirsi se - specialmente nell'età della maggior competizione, ossia l'adolescenza - il giovanotto o la giovane facciano di tutto per appartenere alla prima categoria? Assolutamente no! Anche se malcelati da un'obbligata nonchalance, sguardi indagatori scrutano l'universo dei possibili rivali, pronti a coglierne il minimo difetto, sul quale costruire poi la propria potenza. E il "difetto" è subito evidente, se ha a che fare con il fisico: gambe grasse o magre, sederi grossi o flaccidi, girovita abbondante o da ape, seni...meglio non parlarne. I contenuti esistenziali di ragazze o ragazzi possono girare attorno alla bellezza e alla prestanza fisica, in una sorta di sindrome di Barbie (rispettivamente "di Ken"). Se la sindrome è particolarmente virulenta, allora per familiari, fidanzati e fidanzate inizia un momento difficile: il bello o la bella non parlano che di centimetri, chili, calorie, vestiti. Ed è tutto un **controllare, pesare, toccare, paragonare.** Comunque la sindrome di Barbie ha, solitamente, un decorso benigno: una volta in "forma", le Barbie e i Ken si accasano – emozionalmente appagati – e rientrano nella normale vita dei "belli". Spesso però, purtroppo, il controllo si tramuta in mania e non è più l'individuo a controllare il cibo e le esteriorità, ma **è l'apparire che controlla il Sé.** In modo particolare, il rapporto con gli alimenti non dipende più dalla volontà, ma è come se fosse il cibo a imporre un suo particolare e pesante giogo alla giovane o al giovane. Quello che era un benevolo controllo della forma esteriore diviene rito, compulsione, ossessione. Genitori e fidanzati assistono impotenti alla disintegrazione fisica e psichica di coloro che amano. Il più delle volte sperano che "poi passi". Ma non è così! Una volta conclamato, i problemi col cibo e l'ossessione sul corpo si radicano nella personalità e sconquassano tutte le relazioni: sia quelle con il proprio sé sia quelle con l'ambiente circostante. Infatti, emozioni e sentimenti hanno un solo destinatario: LUI il cibo-corpo. Il resto non esiste. Ma in questo dramma la stampa e i media non c'entrano. Sarebbe apparso anche senza le bellezze del cinema o delle sfilate di moda. Il tarlo era da anni racchiuso nelle insicure profondità del Sé, nelle dinamiche relazionali, e non aspettava altro che presentarsi in tutta la sua virulenza. E così come è arrivato può gentilmente andarsene, se si prende in cura.

Oggi sempre più spesso le donne si trovano in una cronica guerra contro il proprio corpo e il proprio aspetto fisico, tanto da indurle a scelte pericolose, negative e autolesive, come quelle che portano allo sviluppo di un disturbo alimentare. Non è un caso che in un'epoca in cui la bellezza viene presentata come un valore prioritario da inseguire e raggiungere in ogni età, molte siano le donne insoddisfatte della propria immagine corporea e sempre più numerose le ragazze affette da un disturbo alimentare, incapaci di accettare il proprio corpo e con sintomi di natura anoressica o ortoressica. **Il grasso diventa un'emozione, non un numero sulla bilancia**, oltre a essere il vocabolario con cui una donna formula le sue emozioni: la forma fisica potrebbe diventare l'unico modo che una donna conosce per parlare di ciò che la fa star male. Non va presa alla lettera ogni frase che una donna pronuncia sul suo corpo, se dice *"Sono grassa come un maiale"* non le va detto *"Allora mettiti a dieta e butta giù 3 chili"*: lei non sta parlando di diete, ma dei suoi sentimenti, del suo sentirsi non adeguata. Poche sono quelle che dimostrano, nonostante difetti e imperfezioni, di vivere e abitare con piacere il loro corpo reale, e non spendono troppi sogni ed energie a rincorrere invece un corpo ideale, con diete, palestra, se non addirittura medicina estetica e chirurgia plastica. Ma ciò che la scienza e la modernità rendono possibile serve a liberare e a rendere più felici o al contrario intrappola in una dinamica di cronica insoddisfazione e continua ricerca della perfezione? Sempre più donne e ragazze provano riguardo a sé stesse e al loro aspetto esteriore ogni genere di paura e insicurezza. Vengono bombardate tutto il giorno da discorsi delle amiche sull'aspetto fisico, su diete, allenamenti e modi per dimagrire. Grazie ad un percorso psicologico possono essere aiutate a ponderare bene ogni cosa, ad imparare ad accettarsi e sentirsi adeguate, a ritrovare piacere nel e col corpo, al di là di ogni modello, canone estetico e ideale di perfezione.

"Caro corpo,

non so bene come e da dove iniziare. Ci conosciamo da tanto tempo ma siamo più che estranei e l'imbarazzo che si prova nell'iniziare una conversazione con uno sconosciuto sembra lo stesso che provo ora nello scriverti una lettera. Insulti, ribrezzo e disgusto. Questo mi veniva da scriverti quando ci provavo. Non provo alcun piacere ad approfondire questa conoscenza con te, ma pare siamo legati dal destino. Sei goffo, con poca armonia, senza nulla di particolare. Cerco di darti qualcosa in più, un "quid" per renderti speciale, ma desidero solamente prenderti e gettarti via, per ricominciare con qualcosa di più entusiasmante, se solo fosse possibile! Dai un'immagine di me che non mi rispecchia e mi dà fastidio avere te come biglietto da visita. Mi susciti sempre sensazioni contrastanti! Un po' ti sento cosa mia e ci tengo alle mie cose, sono protettiva e non permetto a nessuno di prendersi gioco di me. Non ti lascerò essere giudicato da qualcuno, non voglio che gli altri vedano la tua fragilità, quindi ti copro, a volte ti isolo, ti impedisco di esistere e avere piacere. I corpi degli altri non sono perfetti, ma li trovo bellissimi, in armonia, vedo nelle altre ragazze coraggio e orgoglio di essere senza freni e spensierate con il loro corpo, non si limitano nelle azioni in base a te. Io invece sento che spesso devo stare più a preoccuparmi di coprirti e proteggerti dalle critiche che vivere. Ti svaluto in continuazione e non ti considero al pari della mia personalità. Chissà se un giorno io e te andremo d'accordo...me lo auguro!"

Mai come oggi l'uomo e la donna si sono occupati e preoccupati della fisicità, prendendosi cura della propria salute e della propria bellezza. Eppure, al di là delle apparenze, è impossibile non percepire come tutto questo grande affannarsi intorno al corpo nasconda un inedito disagio, come se in realtà il mondo di oggi provasse per il corpo reale un senso di fastidio e di estraneità del tutto nuovi nella storia umana. Il corpo amato, curato, vezzeggiato, desiderato è infatti in realtà un corpo idealizzato, meramente virtuale e ben diverso dal corpo reale con cui ciascuno di noi deve fare i conti: corpo con i suoi difetti, le sue imperfezioni, la sua estrema vulnerabilità che così apertamente ci ricorda il passare del tempo. Il corpo che desideriamo dovrebbe essere inodore, incolore, insapore, il corpo vero risulta imbarazzante. Lo si indossa come un vestito, da cambiare a piacimento, invece che abitarlo e viverlo. Nessuno sembra più capace di amare il corpo che ha, il corpo che è, prendendosene cura in modo buono, di vederlo anche come un affidabile compagno di viaggio che permette di farci provare piacere e di darlo ai nostri partner. Spesso mancano anche adulti capaci di dire con il loro atteggiamento: la tua bellezza non si pesa o non si misura, perché nasce da ciò che sei, da ciò che hai dentro quando pensi, quando vivi, quando hai delle passioni, quando credi in qualcosa, quando senti. Gli adulti di oggi, invece, combattono e si affaticano per ottenere o mantenere corpi perfetti, secondo canoni rigidi e perfetti, scordandosi spesso di provare piacere autentico con quel corpo. L'adolescenza trova davanti a sé una generazione di adulti che si sfinisce in palestra, combatte con la bilancia, si affama con le diete, trasforma artificialmente il corpo con interventi chirurgici. Ecco allora che anche in situazioni in cui il corpo del bambino è stato amato, si assiste al proliferare di disturbi che si riferiscono all'identità corporea: primo tra tutti il disturbo alimentare nelle sue diverse forme, che colpisce oggi maschi e femmine di ogni età.

"Stamattina ho dimenticato di pesarmi. Stamattina ho dimenticato di pesarmi. **Ho. Dimenticato. Di. Pesarmi.** Sembra una scemata, ma lo faccio ogni cavolo di mattina da più di un anno. E invece stamattina mi sveglia il mio ragazzo per un problema con la sorella e tra una cosa e un'altra ero a mangiare un kiwi. Ho pensato "Ho rovinato tutto". "Adesso sarebbe inutile pesarmi". "Devo aspettare domani mattina e oh mio dio è tra troppo tempo". Ho le mie cose che devono essere fatte con ordine, altrimenti sclero. Eppure è stato un po' come quando, in particolare nel primo periodo della malattia, cedevo ad un particolare tipo di cibo (Nutella, dolci in generale) e pensavo che ormai era andata.

*Quindi ho mandato tutto all'aria e mi sono fatta la doccia dopo colazione, invece che dopo pranzo come ogni lunedì. Ho sballato la mia giornata e me ne sono pure fregata. E tutto perché ho dimenticato di salire su una merda di bilancia. Non so se sia salutare il fatto di pesarmi ogni giorno, perché quando non lo faccio vivo in una specie di limbo; mi chiedo se sono aumentata o no, e so che: se sarò aumentata, mi sentirei uno schifo; se sarò scesa - anche se la vedo dura - sarò felice. Ero uscita da palestra con la voglia di un frappè al cioccolato. È una vita che non ne mangio uno, e lo volevo così tanto nonostante facesse un freddo boia. Ed era come se nella mia testa ci fosse una guerra: io lo volevo, ma l'altra metà, quella malata, mi convinceva che sarei sicuramente ingrassata. Non riuscivo a pensare sopra le voci, e alla fine mi sono convinta che semplicemente non potevo permettermelo. E poi ho gridato a mio padre "Voglio un frappè al cioccolato!"- non scherzo, ho letteralmente gridato e poco ci è mancato che andasse contro il muro. Ma mi ha accompagnata in gelateria e ho preso il frappè. E me lo sono gustato. Perché mi andava. Ho mandato a quel paese i sicuri sensi di colpa futuri, la gastrite e tutti i santi che vi pare, ma la soddisfazione...quella sì che è impagabile. Mi sono sentita fiera di me, come mai prima d'ora. **Voglio essere contenta di avere questo corpo, distruggere la bilancia e dire "mi piaccio così".***

I problemi col cibo e il sintomo alimentare non sono che la "valvola di sicurezza" attraverso la quale le tensioni del sé si manifestano al mondo esterno. Ne consegue che la cura del sintomo non può, né deve rappresentare il fine ultimo di una qualsivoglia terapia. La cura di anoressia, bulimia e alimentazione compulsiva non deve transitare soltanto dalla riconquista di un peso corporeo adeguato. Solo una rieducazione del "nucleo" ovvero la sede psichica della malattia, può garantire una vera guarigione. Altrimenti il sintomo rimarrà il cavallo di battaglia, il tallone di Achille che si riattiverà ad ogni difficoltà o periodo di crisi del proprio cammino. Il disturbo alimentare non ha niente a che fare, *stricte sensu*, con l'alimentazione. Né con il corpo. È un disturbo della meccanica psicologica e delle dinamiche familiari e relazionali che produce quel sintomo specifico! Quindi, fin tanto che la terapia si rivolge al cibo, il nucleo resta ammalato e la personalità rimane anoressica (senza appetito di vita) o bulimica (incapace di incamerare affetto e amore) o iperfagica (vogliosa di incamerare tutto senza essere in grado di gestire il rapporto con quanto assimilato e desiderosa di riempire un vuoto che ahimè il cibo non potrà mai colmare). Però, grazie ad un percorso psicologico è possibile **scoprire la funzione del sintomo e del corpo nella propria dinamica di vita**, nelle proprie relazioni e nel contesto in cui si vive, forse non tutte le cause che ci stanno dietro verranno a galla (anche perché sono tantissime), ma di certo si potrà riflettere sulla attuale finalità del disturbo (*a che diavolo mi serve oggi?*).

*"Il cibo e il corpo occupavano ogni momento della mia giornata, era un pensiero fisso che non riuscivo a scacciare, riempiva la mia mente dal momento in cui mi svegliavo a quello in cui andavo a letto. Vivevo, dovevo vivere: studiavo, uscivo con gli amici, mi comportavo come una ragazza qualunque, ma avevo sempre un pensiero ossessivo in sottofondo che talvolta si faceva davvero forte, e parlava al posto mio. Decideva al posto mio. Ma per me era normale. Ero quella con un fisico assolutamente normopeso ma che voleva dimagrire, che non mangiava a pranzo, per poi abbuffarsi la sera. Ero io, ero determinata da questo rapporto amore-odio con il **cibo, causa e soluzione di ogni mio piccolo e grande disagio interiore**, fatto di kcal da contare scrupolosamente e tanto odio per il mio povero corpo, che a volte perdeva peso, altre lo metteva, ma non stava mai tranquillo, non poteva. E gli altri, amici e parenti, che mi dicevano che "stavo bene così", li avrei strozzati: loro cosa ne sapevano della mia battaglia interiore, che infuriava a ogni pasto, spuntino, confronto con le altre ragazze? Sono andata avanti così per anni, rovinando momenti che sarebbero stati bellissimi, se non avessi avuto questa voce interiore che mi imponeva l'infelicità, l'insoddisfazione. Ma ero rassegnata, e mi dicevo che non ero malata, non avevo mica bisogno di aiuto, non ero nemmeno magra! Poi, dopo un periodo molto stressante in cui mi sono buttata sul cibo per mesi, mi sono ritrovata qualche effettivo kg di troppo. Panico. Inizio dieta strong, che in pochi mesi è diventata un'ossessione: vivevo per dimagrire, digiunavo, mangiavo poco, stavo male, mi batteva forte il cuore e mi*

sentivo svenire. Un anno dopo ero, fisicamente, un'altra. Tutti si preoccupavano per me: dov'era finita l'allegra ragazza formosa, e cos'era questo stecchino con le occhiaie? Non mi importava, volevo solo scendere di peso, ma più scendevo più mi odiavo, e meno ero felice. Le ossessioni che per anni erano rimaste nella mia mente comode comode, e che avevo lasciato crescere, non ritenendo di avere bisogno di aiuto, ora erano come impazzite, e volevano uscire. Ricordo benissimo il giorno in cui ho raggiunto il peso che mi ero prefissata, e salendo sulla bilancia all'inizio ho provato una gioia enorme, ma poi sono scesa e mi sono detta: tutto qua? Perché ho raggiunto il peso che volevo e sono ancora profondamente infelice? Ho capito che il problema non erano il peso o il cibo. Ho così deciso di iniziare una cura presso la dottoressa Marta, che mi ha fatto capire, un po' per volta, che avevo tutte le risorse per uscire da quella gabbia che solo io mi prefiggevo, ma dovevo avere il coraggio di affrontare le ragioni per le quali avevo avuto il bisogno di costruirla. Ora sto bene. Benissimo, anzi, e sono la dimostrazione vivente che è possibile uscire da questo grigiore esistenziale che si alimenta con il tempo e l'odio per noi stesse, che cresce se non si chiede aiuto. Ma se lo si chiede, insieme e con un po' di tempo, si rinasce, e le cose ricominciano a prendere colore." (Maddi)

Le persone tendono a far dipendere la stima di sé dal corpo e dall'insoddisfazione per il peso o per le sue forme. In realtà il senso di inadeguatezza promana dal corpo (inteso in senso fisico) ma spesso non lo riguarda: il problema non sta "nel" corpo, quanto nella sua controparte psicologica, le rappresentazioni o immagini attraverso le quali la persona valuta se stessa e attribuisce un significato (negativo) alla propria apparenza fisica, di qui l'incertezza per il proprio senso d'identità e valore. Le lotte col cibo condividono la stessa posta in gioco: la bilancia come prova del valore di sé. Immagine da contemplare o più spesso da temere, l'aspetto rappresenta la carta di credito con cui ci si propone al giudizio dell'altro. Ma come può nascere in certe persone l'idea angosciosa che il proprio corpo sia "sbagliato"? E come è possibile continuare a crederlo anche se, a detta di altri, è perfetto? Aspetto e immagine di sé in molti casi divaricano drammaticamente, e la percezione soggettiva prevale e cancella ogni evidenza contraria. Il problema non sta nel corpo, quanto piuttosto nella conflittualità che la persona intrattiene con le varie rappresentazioni e vissuti del proprio sé fisico. Non conosciamo il corpo solo per via dei sensi, ma per mezzo della facoltà d'intendere che è in noi, non per il fatto che lo vediamo e lo tocchiamo, ma per la costruzione complessa che ne fa la mente. L'immagine che gli individui hanno di sé è correlata alle immagini che si vedono rinviare dagli altri per loro significativi. Essa è complessa perché diversi sono gli "specchi" in cui l'individuo si guarda. Anche il valore e il significato dell'aspetto corporeo e della sua controparte psicologica, l'immagine di sé, sono sempre fluttuanti e transitori, poiché necessitano di un doppio sguardo di conferma: il proprio e quello altrui. Se il proprio utilizza i criteri normativi delle persone reali o immaginate per noi importanti, quello altrui non viene mai colto per ciò che è, ma è accessibile solo attraverso le proprie categorie interpretative, è "ciò che io penso di ciò che tu pensi del mio corpo".

Perché oggi molte ragazze vogliono essere magre ad ogni costo? Quando perdono il controllo sulla vita e sulle loro relazioni, la bilancia è il modo migliore per riconquistarlo. Sapere di essere quelle magre, puntare sul fisico, vedere ripagati i propri sforzi nell'attività fisica con la perdita di peso, regala un senso di sicurezza insuperabile. La bilancia non mente, non delude, meno mangiano e meno pesano, è matematico, mentre tutto il resto è rischio, nelle relazioni si sbaglia, si rimane scottati, le amicizie spesso deludono, invece quella vocina nella testa che dice "Magro è bello, se perdi peso sarai felice" sembra non tradire, dona un senso di illusoria onnipotenza, trasmette sicurezza e benessere, rende ciechi ad ogni altro problema. La terapia dei disturbi alimentari deve uscire dalla fissazione sull'aspetto e sulla bilancia. Personalmente credo nell'armonia: un corpo sano è un corpo armonioso. Un corpo armonioso è un corpo bello. E - escludendo gli eccessi e le distorture - bello è ciò che piace. Piace: ma a chi? Anzitutto a se stessi. Un corpo che fa piacere toccare, guardare, che riceve e trasmette piacere, non può essere insano, al di là delle tabelle-peso. *Noi*, "normali", abbiamo con il "fattore peso" un rapporto diverso di una ragazza o un ragazzo che soffre di anoressia, bulimia, obesità o Binge Eating. Per *noi* cento grammi sono cento grammi. Per *loro* cento grammi sono una tonnellata. Un eccessivo dimagrimento è per *noi* fonte di preoccupazione; per *loro* sinonimo di gioia. Per *noi* il corpo è - o almeno dovrebbe essere - uno strumento di piacere, per *loro* un'inutile appendice del male. È quindi inutile cercare di far prevalere le nostre ragioni sulle loro: il nostro modo di pensare, di interpretare, di agire è totalmente diverso. Sulle nostre tabelle e nelle nostre parole deve perciò prevalere l'esperienza diretta. Loro dovranno accettare di fare esperienza di quanto sosteniamo (come ad esempio 'il corpo è fonte di piacere, ecc.'); e siccome il corpo è, pur nella sua complessità neuropsicologica, un sistema che dà a determinati stimoli risposte univoche, adagio adagio, loro scopriranno che il piacere deve transitare da una massa corporea consistente ma non esagerata, né ridotta all'osso, e che il piacere si raggiunge solo nella bellezza e nell'armonia. Allora il comportamento distorto lascerà spazio a movimenti volti ad ottenere benessere. Quando loro avranno accettato e metabolizzato queste semplici verità, le tabelle, i numeri e le misure torneranno negli scaffali degli esperti di statistica e sarà la buona ragione a governare le loro abitudini alimentari, quindi la vita stessa. Che cosa scegliere oggi? Un'altra fetta di torta o un corpo di cui poter andare fieri? Il digiuno o un corpo di cui vergognarsi e da nascondere, a qualunque peso? Un gran numero di persone non è in grado di riconoscere le proprie emozioni e i propri sentimenti e si limita a sfogarli sul cibo o sul corpo. Invece di esplodere, di negare le emozioni o di attutirle, le accumula finché il corpo dice che è troppo.

"Caro corpo,

ancora non ti riesco ad amare del tutto, non riesco a farlo con continuità. Ma ci sto lavorando, Dio solo sa quanto vorrei amarti davvero. Quanto vorrei apprezzarti, riconoscerti per tutto quello che fai ogni giorno per me. Respiri, cammini, parli, vivi. Se penso quante te ne ho fatte passare, e tu sei ancora qui a fare tutto e a farlo bene. Non so come fai, forse io ti odio, ma tu sei un supereroe! Io che ti riconosco e ti apprezzo solo quando riesco a vederti magro, lì si che ti amo, ma dura poco, e poi mica è amore sano quello. Fosse vero ti vorrei in salute, non sempre più magro. Io che non solo faccio fatica ad apprezzarti, ma che ti porto pure a non credere agli apprezzamenti che ti fanno gli altri. Io che ho sempre desiderato di poterti esibire con fierezza, ma allo stesso tempo ti ho sempre nascosto e sottoposto a digiuni forzati ed abbuffate devastanti. Quante volte ti ho riempito fino a scoppiare, fino a farti stare male, e quante volte poi ti ho privato di ciò di cui avresti avuto bisogno. Ma forse la privazione più grande al quale ti ho sottoposto è proprio quella dell'amore. Ma non riesco perché ti vedo sempre così diverso da come vorrei. Che sfigata, lo so. Gli altri pensano pure che io sia carina, eppure io mi vedo così male. Non odiarmi corpo, ti prego, almeno tu non farlo. Io prometto che imparerò ad amarti, ma almeno tu non odiarmi per quanto male ti ho trattato in tutti questi anni. Ci sto lavorando, e non è semplice. Non lo è per nessuno, tanto meno per me, che non solo devo imparare, ma che ci sono anche cose che devo disimparare, cancellare. Ed a volte è anche più difficile che apprenderne di nuove, sai? Però una cosa te la voglio dire, e sono sincera. Sto iniziando a vedere degli spiragli di luce, forse quella barriera che ho sempre alzato tra me e te sta crollando, forse stiamo per tornare ad essere una squadra, anzi, stiamo per cominciare ad essere una squadra, ma questa volta davvero. Non posso dirti ora che non accadrà più che mi abbufferò o che non ci saranno più digiuni. Lo vorrei tanto ma non posso prometterlo perché se poi non mantengo le promesse ci sto anche peggio e l'umiliazione diventa doppia. Perdonami. Scusa e ancora scusa. E non ancora ma tra poco ti amerò davvero. Ce la faremo. Andrà tutto bene. Ne sono certa."

Il modo più rapido per provare la felicità? Molti di noi cercano "come essere felici" da libri, corsi di autoaiuto, immagine, bellezza, cose, cibo, terapia, ecc. Possiamo anche aver fatto tutte queste cose. Tuttavia, il modo più rapido per provare felicità è sentire. Sentire esiste nel momento presente, dove le emozioni si riferiscono al passato e la paura anticipa il futuro. Quindi, come puoi sentire ed essere nel momento presente più facilmente? Attraverso il corpo: il tuo corpo è dove è. Attraverso il tuo corpo, puoi controllare/guidare/ispirare come ti senti usando il movimento e i sensi. Noi siamo molto di più di una serie di rughe, occhiaie, capelli, cellulite, grasso. Il tuo corpo può essere pura magia, incanto ed estasi a qualunque età, qualunque sia la tua e sua storia. Il punto è solo ascoltarlo, traslocando dalla testa al corpo. Così si può anche smettere di fargli del male attraverso il cibo...Ho scoperto una danza che aiuta a riconnettersi col proprio corpo e la parte più profonda di noi, che è saggia, selvaggia e libera, al di là dei giudizi impietosi che diamo di noi stessi e degli specchi in cui ci riflettiamo, della immagine di noi che pretendiamo di avere o che pensiamo desiderino gli altri. Il nostro corpo ha dentro tutte le risposte, basta prestare attenzione al come ci sentiamo e al sentirci bene, piuttosto che all'apparire o al come mi vedranno gli altri. Perché non vi date il permesso di adorare il vostro corpo come la casa della vostra anima in questa vita? Potete imparare ad amare il corpo con gratitudine per tutto ciò che fa, il corpo è l'unico che rimane: mentre molte cose vanno e vengono in questa vita, tu e il tuo corpo siete insieme dall'inizio alla fine. Spesso ci sentiamo stanchi, ma a volte non abbiamo bisogno di più sonno: sono le nostre anime stanche, le nostre menti, non il nostro corpo, che è solo martoriato dal cibo dato in eccesso o negato, dalla bassa considerazione che proviamo per lui. Abbiamo bisogno di sano movimento, di ascolto, di avventura, di verità, di accettazione, di compassione, di provare piacere. Forse non abbiamo bisogno di più sonno, abbiamo bisogno di svegliarci e di vivere!

Il silenzio dell'Unione:

"Caro Corpo mio,

ogni alba e tramonto ti abbraccio e ti scaldo, mi riconosci? Sono Io. Oggi voglio dirti grazie. Mi segui ovunque, e se ti tratto male o su di te la rabbia sfogo imminente, alle ritorsioni non sei intransigente, mi parli!
Ma io ti ascolto? Se hai la nausea, per esempio, come ti accolgo? E quando le ossa ritorco per rimetterle in assetto ... mi stai ascoltando? Che nascondi in quel cassetto? "Ho un prurito dentro al petto."
Oh: Allarme Rosso, Cuore Grosso! Lo sento salire alla gola, togliere aria alla mia persona ...Ora focalizzo sul respirare.

Caro Corpo, come invidio che tu lo sappia fare.

Possibile per me dimenticarlo? Eppure l'arrivismo, le gelosie, gli Eghi come aghi ... cose di cui bisogno per te non ce n'è, io non le perdo di vista, nemmeno quello stupido caffè.

Forse è per questo che ti tratto male, Corpo, perché tu saresti tanto completo, inabitato. Pensandoti senza voce, ti ho manipolato.

Nonostante ti adatti al cambiamento, con il mio agire non ti rendo contento.

Perdonami, Corpo.

Fammi ricominciare:

posizione fetale

liquidi

sonno

sfinteri attivi

assenza di giudizio.

Apertamente puri, affare fatto?

Grazie, Amico mio!

Perché sei l'unico mucchio d'ossa su cui posso contare, al mio sentirmi 'frale', al pensier che 'a me la vita è male'.

Mi basterà abbracciarti, non correre a rinciccionirti o con altri metodi istupidirti.

Da Oggi Apertamente Puri."

(MVC)

4. MINDFUL EATING

"Un'operazione che si verifica due o tre volte al giorno, e serve ad alimentare la vita, merita certamente le nostre cure. Mangiare un frutto significa far entrare in noi una cosa viva, bella, come noi nutrita e favorita dalla terra; significa consumare un sacrificio nel quale preferiamo noi stessi alla materia inanimata. Non ho mai affondato i denti nella pagnotta delle caserme senza meravigliarmi che quella miscela rozza e pesante sapesse mutarsi in sangue, in calore, fors'anche in coraggio. Ah, perché il mio spirito, nei suoi giorni migliori, non possiede che una parte dei poteri di assimilazione di un corpo?"
(M. Yourcenar -
Memorie di Adriano)

Per quale motivo mi sono avvicinata alla Mindful Eating? Lavorare con i disturbi del comportamento alimentare, con persone cronicamente in lotta col cibo, lascia spesso disarmati, fa sentire profondamente impotenti, a volte è frustrante. Allora sono andata alla ricerca di qualche strumento, di qualche idea che potesse essere di ausilio nei problemi col cibo, di possibili strategie per aiutare affamati e digiunatori a ritrovare un po' di pace col cibo. E ho trovato una possibile risposta, un valido aiuto, nella Mindful Eating. Mangiare è un bisogno necessario, basilare nella nostra vita, ma molti hanno un rapporto complicato con il cibo, appesantito da contorte valenze psicologiche ed emotive.

Mindful Eating **significa mangiare consapevolmente**, con intenzione, **imparando ad ascoltare il corpo** e osservando con curiosità e gentilezza le nostre abitudini alimentari. In questo modo, ogni boccone diventa un'occasione di risveglio e ci permette di coltivare una relazione armoniosa con il cibo e con il nostro appetito. Diversamente dall'approccio delle diete, in cui apprendiamo dall'esterno, la Mindful Eating ci invita a partire dalla nostra esperienza interna, imparando ad autoregolarci secondo la propria saggezza interiore. Con la pratica della

Mindful Eating impariamo a prendere le conoscenze alimentari e le linee guida nutrizionali e adattarle ai nostri bisogni usando la nostra saggezza interiore. Troppo spesso ci viene detto cosa mangiare, quanto mangiare e talvolta anche quando mangiare. Certo, ci sono alcune linee guida comuni su quali alimenti sono di supporto per una buona salute e sul fatto che il movimento quotidiano e l'adeguata idratazione sono importanti per il benessere. Quando siamo simultaneamente in sintonia con il nostro corpo e i suoi segnali, abbiamo l'opportunità di integrare questa conoscenza con le nostre esigenze specifiche. Quindi, per esempio, noi re-impariamo a mangiare in accordo coi nostri segnali di fame e pienezza, o ci muoviamo perché ci fa sentire bene e ci piace, piuttosto che per perdere peso, e impariamo a riposare quando il nostro corpo ci dice di farlo, piuttosto che spingerci oltre, rischiando di trascurarci. Coniugare le informazioni nutrizionali con la nostra intuizione ci aiuta a fare una scelta saggia con compassionevole cura di sé. Di conseguenza, facciamo un miglior uso della conoscenza sul cibo, diventando allo stesso tempo consapevoli dei pensieri e delle emozioni legati al nostro comportamento alimentare.

Succede a tutti noi di mangiare a volte in modo automatico, senza quasi renderci conto di quanto e di cosa stiamo mangiando. E di come lo stiamo facendo. Frettolosamente, chiacchierando con gli amici, a volte addirittura litigando. Oppure semplicemente leggendo qualcosa che ci interessa o guardando la televisione. Quasi sempre comunque prestando molto poca attenzione all'esperienza che stiamo vivendo in relazione al cibo. Ancor di più. Succede a volte che non sappiamo neanche perché stiamo mangiando. Se per necessità del nostro corpo, per abitudine, per gestire lo stress o emozioni difficili, per noia o altro. Così come può anche accadere che mente e corpo si separino sempre di più e allora mangiare può diventare una azione compulsiva, al di fuori del nostro controllo, obbligata, che trasforma i nostri pasti in un campo di battaglia, tra il bisogno assoluto di divorare cibo in continuazione e quello di evitarlo. La consapevolezza aiuta a collegare la mente e il corpo, a rallentare per un momento, in contatto con noi stessi, e passare da una indiscriminata azione reattiva e compulsiva ad una azione che sia in sintonia con i nostri bisogni di quel momento particolare. La consapevolezza può contribuire a portare equilibrio in ogni aspetto dell'esperienza del mangiare. Mangiare in modo consapevole comporta l'entrare in sintonia con i nostri naturali segnali fisici di fame e sazietà. Significa poter veramente fare l'esperienza del sapore del cibo, prestare attenzione al gusto, all'odore, alla fragranza, alla consistenza di un dato alimento e comprendere quando ne abbiamo abbastanza. Significa soprattutto comprendere se mangiamo per fame o per altri bisogni e **imparare a dare a ciascun bisogno fisico, psicologico o emotivo la corretta risposta**. Mangiare per trovare conforto è ciò che si definisce fame nervosa, essa diventa un problema quando è una situazione che si ripete continuamente, in risposta ad ogni bisogno, e diventa un circolo vizioso: bisogno di conforto, bisogno di mangiare, sollievo, scomparsa del benessere, senso di colpa, bisogno di nuovo conforto. Mangiare per trovare conforto è per molte persone, come nel Binge Eating, una battaglia quotidiana cronica e logorante, lo fanno così di frequente e come abitudine ricorrente da rimanere intrappolate in un loop da cui non riescono a uscire.

Le regole di restrizione alimentare particolarmente rigide (es.: *'da lunedì mi metto a dieta ed evito: dolci, fritture, etc etc...'*, *'non devo mai mangiare cibi non sani'*, *'devo evitare i carboidrati'*) fanno in modo da creare un'ansia verso quei cibi e a farne scorpacciata per quanto tempo è possibile, ad ogni occasione possibile, oppure quando c'è un cedimento del proprio controllo (il weekend, una festa, le vacanze, un'indulgenza, lo stress, la tristezza, uno sgarro). Accade così che se cerco di evitare quel cibo, poi finirò proprio per abbuffarmi di esso...Ma questo è quel che accade anche quando vi sono delle offerte imperdibili al supermercato, che creano un'urgenza a comprare un determinato cibo...che poi va consumato! Anche quando non ne avevamo voglia o non ce n'era il bisogno. Come in una sorta di trance, guidati dal pilota automatico o dai fili dell'economia, abdichiamo al nostro libero arbitrio in fatto di alimentazione. La prossima volta che fai la spesa, guardati bene intorno. Prendi un momento per te stesso, non fare la spesa di corsa, non pensare che è in arrivo una carestia. Ascolta prima il tuo cuore e cerca di capire se quel cibo è proprio quello di cui hai bisogno, o se servirà solo per abbuffarsi, e se è davvero questo che vuoi (o se invece non è meglio provare a capire di cosa hai realmente bisogno). In mancanza di alternative capacità di autoconforto, oggi il cibo diventa una comoda e facile soluzione, ci sono varie ragioni per cui il cibo assolve il compito di confortare (cambiamenti biochimici nel corpo come il livello di serotonina che aumenta col cioccolato, attenuazione dei sentimenti negativi distogliendo l'attenzione, interruzione della noia, condizionamento dai genitori, abitudini apprese e ripetute, eccetera), non si può ignorare il fatto che le persone non lo utilizzerebbero se non le facesse sentire meglio.

La Mindful Eating può essere una via per uscire dalla battaglia col proprio peso corporeo e dal circolo vizioso tipo yo-yo che caratterizza l'acquisto e la perdita di peso. Non si tratta di ciò che si dovrebbe o non si dovrebbe mangiare, ma di scoprire cosa e come mangiarlo in un modo che ci fa sentire bene, e di capire cosa ci spinge a mangiare in maniera eccessiva o sregolata. Non si tratta nemmeno di tentare di perdere peso, ma di perseguire il proprio benessere: percorrendo questa strada, si avrà di conseguenza un migliore stato di salute psico-fisica ed il raggiungimento di un peso corporeo adeguato. Non si tratta di parlare o concentrarsi sulla perdita di peso, o su come cambiare la forma o dimensione del corpo (che è la cultura della dieta), ma esplorare come stare con noi stessi, con il nostro corpo, in modo premuroso e nutriente. Mantenendo l'intenzione che il mangiare consapevole non sia una dieta o un programma di perdita di peso, ma un modo per scoprire le scelte che abbiamo a disposizione, nel momento presente. La Mindful Eating offre due vantaggi in aggiunta alla dieta: aiuta le persone a riconoscere i propri bisogni, fisici e psicologici. Seguire programmi alimentari senza apporti di tipo psicologico, significa essenzialmente impegnarsi nella conta delle calorie (o dei punti) e seguire determinate regole, che spesso allontanano le persone dai propri bisogni del momento. Inoltre insieme ad un terapeuta si riscopre il modo per **soddisfare i propri bisogni emotivi, senza ricorrere al cibo.** Le diete, senza un apporto di tipo psicologico, contribuiscono a costruire un rapporto bizzarro con il cibo.

Il cibo è uno dei più grandi piaceri della vita ed il piacere fa bene alle persone, è sano e ci tiene in salute. Come insegna la Mindful Eating, non vi sono cibi proibiti. Questo ci permette di scoprire cosa realmente ci piace e come mangiarlo in modo che ci faccia stare bene mentre lo mangiamo ed anche successivamente. Quando le persone spostano la propria attenzione dalla perdita di peso ad una terapia personale di tipo psicologico liberano la propria mente per concentrarsi anche sugli altri bisogni. L'essere umano oltre al cibo ha altri bisogni che necessita di soddisfare per stare bene, come una regolare attività fisica, un'adeguata igiene del sonno e una sana vita sociale. I comportamenti e le emozioni che circondano la lotta col cibo e col peso corporeo, al contrario, spesso lasciano le persone troppo esauste per poter praticare attività fisica, dormire bene o, generalmente, prendersi cura di sé stesse. In molti casi ne consegue una vita sociale impoverita, a causa, ad esempio, di sentimenti di vergogna per il proprio aspetto o per il fatto che si ha bisogno di stare a dieta. Sentirsi soli, poi, si accompagna frequentemente ad angoscia, tristezza e a fame nervosa, come atto auto-consolatorio.

Il cibo non riveste solo e semplicemente una funzione biologica ma acquisisce molteplici e svariati significati: edonistici, relazionali, sociali, culturali, artistici, estetici, filosofici, religiosi, psicologici e persino psicopatologici. Si mangia per stare insieme e si sta insieme per mangiare. Mangiare insieme riveste il valore simbolico dell'unione, della relazionalità e della convivialità. Negli ultimi due-tre decenni il rapporto con il cibo è in qualche modo mutato: ci si alimenta in fretta e tra un impegno e l'altro, si sta molto più attenti alle calorie che si assimilano e a consumare cibo sano. Il cibo ha forse perso il suo carattere conviviale? Quale valore allora assume oggi? Forse quello di strumento in grado di riempire un vuoto che l'esistenza non riesce a dare? Oppure di oggetto consolatore o di strumento per affrontare il male di vivere, in qualunque forma lo si sperimenti? Il problema non è il cibo, il cibo è solo cibo, non è né buono né cattivo, il problema non è il nostro stomaco né le nostre cellule grasse, l'origine del problema sta nella mente che pensa e nel cuore che sente. In tempi di drammatica povertà grasso era sinonimo di bello perché segno di ricchezza e benessere non solo alimentare. Dalla rivoluzione industriale dilaga un nuovo modello: quello della magrezza. Dagli anni sessanta-settanta il modello magrezza inizia a propagarsi sempre di più e il rapporto con il cibo si inverte: alla paura atavica per la fame si sostituisce la moderna **paura per l'eccesso e l'abbondanza**. Si fa sempre più strada un termine prima quasi sconosciuto: dieta. La parola dieta, inventata dai greci per designare il regime quotidiano di alimentazione (ma più in generale di vita) che ogni individuo deve costruire sulle proprie personali esigenze e caratteristiche, è passata a designare nel linguaggio comune la limitazione, la sottrazione di cibo. Alla paura della fame che per moltissimi anni ha accompagnato l'umanità, portando con sé sofferenze organiche e psichiche, si è andata sostituendo un'altra paura: la paura per l'abbondanza, il grasso, il peso, *fear of obesity*. Anche questa paura non è meno pericolosa di quella che l'ha preceduta: pure essa è causa di sofferenze fisiche e psichiche. Alle sofferenze causate dalla fame e dalla miseria, si sono sostituiti altri disagi psicologici in cui la fa da padrone il terrore del grasso.

Oggi spesso mangiamo distratti, facendo altro, da bravi multitasking, e così il cibo va giù senza che ce ne accorgiamo, rimanendo in qualche misura affamati e insoddisfatti, cercando facilmente qualcos'altro che ci appaghi. Quando non assaporiamo ciò che mangiamo, finiamo spesso per sentirci troppo pieni ma per nulla soddisfatti. Pienezza e sazietà sono due concetti diversi: molte persone potrebbero notare la differenza riflettendo su come alcuni pasti siano molto gratificanti, nonostante in quantità relativamente piccola; dall'altra parte, alcuni pasti potrebbero lasciarti pieno, ma ancora più affamato. Puoi sentirti pieno, ma non soddisfatto. Puoi sentirti soddisfatto, ma non pieno. Il mangiare consapevole può aiutarci a identificare la differenza. Quello che capiamo è che la "sazietà" è il livello di soddisfazione che una persona prova dopo aver mangiato, che è spesso correlata alla quantità di godimento, o congruenza con ciò che la persona effettivamente sentiva di voler mangiare. Questo è un concetto piuttosto diverso da pienezza, che si riferisce alla sensazione fisica di pienezza o distensione nello stomaco o nel corpo. Immaginate di mangiare lattuga. La maggior parte delle persone può mangiare molta lattuga. Dopo aver mangiato la lattuga, possono sentirsi sazie ma non soddisfatte. Grandi quantità non sempre danno grandi soddisfazioni. Mangiare fino a sentire pienezza è un'esperienza comune per molte persone. Ciò accade spesso perché la sensazione fisica di pienezza è sorta prima dell'esperienza emotiva della sazietà o della soddisfazione del pasto. In ogni pasto sono presenti queste due forze. Sono impegnate in una gara per vedere chi arriva prima della fine del pasto. Quando una persona può riconoscere l'esperienza emotiva della sazietà prima dell'esperienza fisica della pienezza, il pasto è spesso ricordato come piacevole, buono e soddisfacente. In quei momenti, il desiderio di mangiare si ferma. Le persone noteranno che il cibo rimane nel piatto, le patatine nella busta o il gelato nella vaschetta. Quando invece l'esperienza emotiva della sazietà viene raggiunta dopo che la pienezza è arrivata, il pasto può causare disagio fisico o innescare il senso di colpa alimentare. Mangiare è piacevole solo fino ad un certo punto, quando si continua a sgranocchiare pur sentendosi sazi, il benessere si trasforma in disagio.

Attraverso la Mindful Eating diventiamo coscienti di cosa stiamo facendo e spesso anche del perché lo stiamo facendo. Gli esercizi base della Mindful Eating sono "Chi è che ha fame?", che insegna e fa riconoscere i **9 tipi di fame**, e la Meditazione dell'uvetta, che fa portare la piena attenzione su di una piccolissima porzione di cibo, osservandolo ed esplorandolo con cura: queste esperienze permettono di capire quale parte di noi ha fame, di cosa ha bisogno il nostro corpo, cosa ci stanno dicendo la nostra testa e il nostro cuore, la differenza tra essere sazi ed essere soddisfatti, nonché di esplorare e gustare il cibo come uno scienziato o come un critico gastronomico, notando le reazioni della mente, del corpo, e le sensazioni che suscita in noi un cibo così familiare eppure così nuovo se mangiato con attenzione e consapevolezza. Quando non si è in connessione con noi stessi, col nostro corpo e il nostro stomaco, con le nostre emozioni e i nostri pensieri, è possibile mangiare una torta intera o una vaschetta di gelato senza accorgersene, senza gustare se non i primi bocconi. Gli affamati e chi si affama lo sa bene: il cibo è spesso una specie di medicinale da banco per lenire le ansie e le preoccupazioni della vita quotidiana, ma come una buona medicina va aggiustata la dose, altrimenti si avranno seri effetti collaterali! Nell'alimentazione non esistono alimenti buoni o cattivi in assoluto, la giusta via personalmente sta nel non esagerare mai, senza privarsi totalmente di alcuni cibi né abusandone. Il cibo è semplice cibo, serve a nutrirci e darci energia, il resto sono le nostre trappole e zavorre mentali. La fame della mente, che parla in termini di "dovresti o non dovresti mangiarlo" è solitamente la più forte, sorpassa i segnali inviati dal corpo e a volte anche le nostre emozioni. Se osservate il cibo che avete davanti, cosa vi dice la mente riguardo a ciò che vede? Tra l'altro, la mente è veramente difficile da soddisfare, perché cambia continuamente idea a seconda di come ci sentiamo...Un giorno mette a dieta ferrea, e ci fa affamare, il giorno dopo convince che abbiamo bisogno di un pezzo di cioccolato. La mente produce pensieri costantemente, questo è il suo compito, ma non dobbiamo sempre credere alla nostra mente, perché a volte è solo guidata dalle voci del perfezionista e del critico interiore. Queste voci interiori che si impadroniscono di noi, della nostra alimentazione e della nostra immagine fisica, ci rendono tutto difficile, hanno il potere di distruggere la nostra vita, come è evidente per chi si affama e per gli affamati. Il critico interiore non è mai soddisfatto perché come esseri umani saremo sempre imperfetti e incapaci di raggiungere gli standard di ideali a cui tendiamo, che sia mangiare sano ed equilibrato o avere un corpo "fisicato", magari senza troppi sforzi. I giudizi negativi su se stessi accendono la miccia dello stress e delle emozioni dannose, a volte a farvi ferocemente arrabbiare non è il partner e nemmeno il capo, o l'amico o vostra madre, è il critico interiore a farvi agitare e disperare. Consolarsi col cibo (ma ognuno trova i suoi modi, spesso poco sani) sembra essere l'unica ancora di salvezza, la pizza e il cioccolato non vi giudicano, voi stessi sì! Come possiamo allontanarci da queste voci per non star male? Il primo passo è ascoltarle per capire cosa ci vogliono dire, che informazioni ci stanno dando su noi stessi, perché stanno urlando così forte. Sentire il nostro critico interiore fa parte della consapevolezza, il problema non è sentirlo, il problema è crederci! Come possiamo liberarci dalla sua tirannia, dalle voci contrastanti della nostra mente, dai pensieri poco gentili e molto pungenti della nostra testa, che ci impediscono di fare pace col cibo e con noi stessi? Metterli a tacere non serve a niente, si nascondono sotto il tappeto e creano sempre guai, quando meno ce lo aspettiamo. Quando invece impariamo ad ascoltare il nostro critico interiore, ma a non crederci ciecamente, possiamo iniziare ad aver cura di noi, a fare scelte sagge e consapevoli riguardo all'alimentazione in particolare e alla vita in generale. La risposta è prenderci bene cura di se stessi, come farebbe un genitore premuroso e amorevole che ha a cuore il benessere del suo piccolo, non occorre né esagerare nello sgridarci e negarci tutto, restringendo e affamandoci, e neppure perdere di vista ciò che è salutare e ci fa bene, esagerando con il mangiare, diventando indulgenti e sempre affamati. Spesso in quel cibo vediamo tutte le nostre preoccupazioni (il lavoro, i figli, le relazioni, il corpo che non ci piace, eccetera), quindi mangiamo o digiuniamo per farle sparire, siamo arrabbiati e alla fine ingoiamo la nostra stessa rabbia...Durante gli esercizi di Mindful Eating, se chiedo cosa succede se tolgo dalla vista il cibo, quel cibo che è servito a cancellare le preoccupazioni o a calmare, le persone dicono di star bene, diversamente da quanto immaginavano, magari sono tristi, si sentono sole, ma sentono di poter gestire la cosa, sono stupite di poter imparare a tenersi dentro le emozioni negative senza buttarle sul cibo ed ingoiarle sperando di averne beneficio, che poi non arriva in realtà. Mangiare può distrarre temporaneamente dalle preoccupazioni o dal resto, ma i sentimenti sottostanti tornano presto a galla. Come allontanarsi dai pensieri che continuano a spingere verso il cibo? La risposta della Mindful Eating è spostare l'attenzione dai pensieri e dalla testa, al corpo.

A volte una vocina nella testa prende il sopravvento e il comando e vi mette a dieta, vi riempie di "dovresti e non dovresti", di regole e divieti. Prima o poi però, immersi tra le vostre emozioni, vi stufate di sentire quella vocina odiosa che vi assilla e vi ossessiona. Un'altra vocina prende il sopravvento, tirata in causa anche solo da un biscotto o da un'emozione forte. Allora vi dice *"Ormai, il danno è fatto. Tanto vale mollare tutto"*, e così si passa all'improvviso dal controllo della disciplina più assoluta all'indulgenza plenaria in cui mangiate tutto quello che vi pare, dal Detox alla grande abbuffata, dal Ramadan al Binge Eating. Questa è la dinamica e il regime dietetico molto frequente in chi è in lotta col cibo del *feast or famine*, ovvero festa o fame, 'tutto o niente'. Fasi di sciopero, anarchia, ribellione, fasi 'splatter' in cui mangio ciò che voglio, alternate a fasi di 'nazismo' alimentare. Il desiderio di spezzare queste dinamiche deve rendere capaci di disinserire il pilota automatico con cui si viaggia, magari da una vita. Alcuni si rendono conto che il loro scopo è mangiare così tanto da cadere in uno stato di torpore e anestesia emozionale, in modo da non sentire più le emozioni negative, il dolore, la solitudine e la sensazione di essere dei falliti, così come affamarsi così tanto da non sentire più niente, solo lasciarsi sedurre dal desiderio di restringere e digiunare per anestetizzarsi. Spesso mangiamo per provare a cambiare il nostro stato d'animo o mentale? Spesso non mangiamo per scacciare via le emozioni spiacevoli, scomode? Spesso sentiamo un buco nello stomaco che è come un grande buco nel cuore oppure abbiamo bisogno di affamarci per non fare esperienza di sofferenza? Esatto, a volte accade proprio così se avete problemi col cibo. Il cibo è diventato forse il vostro amico più affidabile, l'amante preferito. Perché mai dovreste rinunciarvi? Perché vi fa stare male! Non il cibo in sé, ma il modo in cui vi relazionate con esso. Non siete più padroni della vostra alimentazione, ma schiavi dei vostri schemi alimentari abitudinari, ripetitivi e ossessivi. Occorre rinunciare all'ossessione per il cibo e per il corpo che tiene imprigionati. Occorre anche imparare a concedersi di tutto, uscendo dalla concezione di cibi leciti e cibi proibiti o nocivi, perché se non ce lo si concede diventerà irrinunciabile! Alcuni costruiscono nidi accoglienti in quella prigione, nidi che sono contornati di cibi o di controllo e che paiono accoglienti, illudono di benessere. Bisogna avere il coraggio di uscire da quella prigione, un passo alla volta, ascoltando il nostro corpo, il nostro cuore e la nostra mente. Quando siamo consapevoli di cosa c'è sotto alle lotte col cibo, di cosa abbiamo davvero bisogno, delle informazioni che arrivano dalle 9 fami, allora possiamo scegliere. Poter scegliere significa libertà. La consapevolezza permette la scelta e la scelta regala libertà:

questo è il più grande insegnamento della Mindful Eating! Tanto meglio conoscerete i vostri schemi mentali automatici e le vostre abitudini alimentari consolidate, quante più possibilità avrete di riuscire a modificarle. Quando saprete chiedere a voi stessi "Chi è che ha fame lì dentro?", non sarete più imprigionati nelle vecchie abitudini e ritroverete un rapporto più equilibrato e soddisfacente col cibo. Perché vi piace sentirvi vuoti grazie al controllo e all'abnegazione o al contrario sentirvi pieni fino al mangiare in eccesso e all'abbuffarsi? Spesso ricerchiamo le sensazioni forti, gli estremi, perché ci confermano che siamo vivi o perché ci distolgono dai veri problemi sottostanti. Molti di noi non sanno perché sono vivi, non hanno coscienza di quale sia lo scopo ultimo della vita né come realizzarlo, oppure si limitano a sopravvivere invece di vivere in pienezza.

Il vecchio modo di pensare al rapporto con il cibo implica un bisogno percepito di controllarci riguardo ad esso - e il controllo richiede forza di volontà - giusto? Quante volte vi siete detti (o qualcun altro vi ha detto) *"Non ho forza di volontà"* quando si tratta di certi cibi? Quando praticate la consapevolezza e il mangiare consapevole, il bisogno di forza di volontà svanisce nel nulla. Imparate che non avete bisogno di esercitare il controllo sul cibo. Tutto ciò che serve è essere presenti con la vostra esperienza. Ciò significa che mentre mangiate, siete consapevole di cose come: il sapore, la consistenza, se vi piace, come cambia la percezione del gusto mentre mangiate, la vostra crescente pienezza mentre mangiate, il crescente senso di soddisfazione. Se state prestando attenzione, arriverà un punto in cui deciderete di averne avuto abbastanza. Quel punto è naturale e arriva senza sforzo. Può essere perché vi rendete conto che siete comodamente pieni. Potrebbe essere perché vi rendete conto che il cibo non ha più un sapore così buono - quindi perché continuare a mangiarlo, sapendo che la prossima volta che lo volete, potete averlo?

Uno delle mie pratiche preferite di Mindful Eating si chiama "L'ultimo mandarino sulla faccia della Terra", usata spesso anche con i bambini, per insegnare loro a mangiare in modo consapevole: immagina che quello che stai per mangiare sia l'ultimo mandarino rimasto sulla faccia della Terra, l'ultimo che potrai mangiare nella tua vita e tu sei l'unica persona che potrà mantenere memoria di che cosa sia un mandarino prima che sparisca per sempre dalla Terra. Dovrai riuscire a descrivere nel dettaglio a qualcuno che cos'è un mandarino una volta che non esisteranno più. Guardalo bene. Che forma ha? Che colore? Che sensazione ha la buccia sulle dita, è liscio, ruvido? Dove crescono i mandarini? Ora chiudi gli occhi. Puoi immaginare il sole caldo, la pioggia, il profumo della terra che hanno contribuito a far crescere questo mandarino? Ora annusa il mandarino. Che odore ha? Ora inizia a sbucciare il mandarino lentamente. Cosa vedi? Annusalo di nuovo, ha un odore diverso dentro rispetto a fuori? Guarda gli spicchi, quanti sono? Sono tutti della stessa misura? Cosa noti della forma interna del mandarino? Come sono tenuti insieme i vari spicchi? Togli un pezzo di pelle da uno spicchio, riesci a vedere la parte interna piena di succo? Ora metti quello stesso spicchio in bocca. Chiudi gli occhi. Senti il succo che si sprigiona in bocca riempiendola di gusto. Ora mangia il resto del mandarino lentamente, facendo finta che sia l'ultimo mandarino sulla faccia della terra. Quando facciamo questo esercizio durante i gruppi di Mindful Eating, con vari tipi di cibi, emergono un mondo di cose interessantissime: consapevolezze, ricordi, rituali, elementi che permettono di approcciarsi al cibo in modo diverso, non più automatico e mindless, scoperte e sorprese, lacrime e risate, tristezza e divertimento.

Essere in grado di identificare ciò che scatena la fame emotiva e comprendere quello che otteniamo da quel comportamento è la chiave per riprogrammare il cervello per fare scelte alimentari più sane. Il termine 'comfort food' risale almeno al 1966, quando il Palm Beach Post lo usò in una storia: "Gli adulti, quando sono sotto stress emotivo, si rivolgono a ciò che si potrebbe chiamare 'cibo di conforto', un cibo associato alla sicurezza dell'infanzia, come l'uovo in camicia della mamma o quella famosa minestra di pollo". Si suppone che essi siano un ottimo meccanismo di difesa per confortare rapidamente le emozioni negative. Ci sono due problemi qui. Uno è che abbiamo imparato a mangiare per stare meglio, e due, quando hanno usato il termine "ottimo meccanismo di difesa" non sapevano che mangiare in quel modo poteva effettivamente essere disfunzionale. Sì, i cibi di conforto possono rapidamente lenire i sentimenti negativi. Ma cosa succede dopo? Che cosa ottieni quando mangi quello che vuoi per sentirti meglio, dopo che il picco iniziale si è esaurito? Prestare attenzione a quali gratificazioni otteniamo dal nostro comportamento può aiutarci a cambiare quel comportamento. Col comfort food si cerca in quel dato cibo un surrogato, come ricevere degli abbracci al posto di quelli mai ricevuti: *"Io infatti adoro la pizza, che mi ricorda quella che mi dava la mia nonna dopo la piscina quando ero piccola, l'unica persona che mi dimostrava affetto gratis!"*, raccontava una paziente. Come esseri umani, i nostri cervelli sono programmati per aiutarci a gestire le minacce e preservare la vita. Quando siamo stressati o presi dalle emozioni, il nostro cervello può percepire una minaccia al nostro benessere e può essere che impariamo molto presto a mangiare qualcosa per sentirci meglio. Questo sistema funziona anche quando ci sentiamo bene e vogliamo mantenere viva quella bella sensazione. Più ripetiamo questi schemi, quando siamo stressati o abbiamo emozioni forti, più questi diventano automatici. Abbiamo creato un'abitudine, ed è un loop che non ha fine finché non impariamo a romperlo. Ma, le abitudini possono essere cambiate. Sono un comportamento appreso e possono essere disimparate. Come prima cosa, potete imparare a identificare ciò che innesca il mangiare emotivo. Questo richiede una presenza consapevole nei momenti in cui siete presi nel comportamento sospetto. In alcuni casi, questa consapevolezza potrebbe arrivare solo dopo aver spolverato un intero sacchetto di patatine. Va bene anche così, qualsiasi consapevolezza è un inizio.

La prossima volta che ti ritrovate a divorare il vostro cibo preferito, vedete se riuscite a fermarvi abbastanza a lungo per essere curiosi riguardo ciò che è successo appena prima di buttarvi sul cibo. C'è stata una discussione? Qualcosa che è successo al lavoro? È qualcosa che fate sempre? O forse un'occasione sociale in cui non volevate apparire maleducati? Come seconda cosa, controllate con il vostro corpo per vedere quali gratificazioni state ricevendo da quel comportamento. Forse ha un buon sapore, e ha allentato un po' la tensione. Come si sente il corpo? Come terza cosa, se siete in grado di fare una pausa consapevole proprio quando inizia il desiderio, prima di aver afferrato qualcosa da mettere in bocca, potete superare il 'craving', cioè la smania di cibo, diventando realmente curiosi riguardo ad esso. Cosa si sente nel corpo? Quali pensieri o emozioni sono presenti? Quanto dura il desiderio intenso? Potete essere solo un osservatore obiettivo mentre esso cresce, si piega e poi si ritrae come un'onda sulla riva? La buona notizia è che i 'cravings' non durano per sempre e potete imparare a cavalcarli, il desiderio smanioso di cibo si acquieta se impariamo ad osservare ciò che lo ha fatto nascere e che lo sostiene.

Il più prezioso insegnamento della Mindful Eating è proprio quello di connettere ciò che dice la testa - e che spinge a mangiare o a non mangiare, ad abbuffarsi o ad evitare - con ciò che dice il proprio corpo. Certo, forse per una vita siete stati abituati a confortarvi col cibo, a cercare sollievo dallo stress, dalla solitudine, dalla tristezza e dalla noia mangiando qualcosa, ma se oggi, adesso in questo preciso istante, ascoltate il vostro corpo, cosa vi dice? Spesso le persone con problemi col cibo scoprono che il corpo sta parlando in modo completamente diverso: quando decidono di abbuffarsi lui urla inerme "per favore no, non farmi male, non riempirmi, voglio sentirmi bene, non appesantito", mentre quando decidono di non mangiare lui supplica flebilmente "ho fame per favore, mi sento debole, nutrimi, fammi del bene, ho bisogno di energia!". Soltanto reimparando ad ascoltarsi, a riprendere contatto col corpo e con le sue sensazioni interne, è possibile interrompere i circuiti automatici che ruotano intorno al cibo e a sintomi come il Binge Eating o l'anoressia. Solo allora si potrà mangiare uno o anche due, forse tre cioccolatini, gustandone tutto l'aroma, sentendoli sciogliere in bocca, piuttosto che svuotare l'intera scatola di cioccolatini, e ingoiarli quasi con la carta - come spesso dicono le persone che partecipano ai miei gruppi di Mindful Eating -, ingurgitare senza percepire più nemmeno che sapore hanno. Oppure privarsene ad ogni occasione, convinti che non possiamo permettercelo, in un conflitto senza fine tra 'puoi concedertelo' e i sensi di colpa.

"Non posso non mangiare se sto male emotivamente! Non ci riesco...mangiare mi conforta, come un abbraccio amoroso. Sì, ma se ascolto il mio corpo, come mi ha insegnato la Mindful Eating, lui come sta? Il mio corpo spesso sta male, è come se tagliassi le connessioni nervose e non lo sento, ma adesso capita che mi urla che non ce la fa più, mi manda forti campanelli d'allarme. Allora mi rendo conto che in realtà il godimento dato dal cibo dura un momento, che in fondo la mia tristezza e il mio senso di vuoto rimangono lì, e in più sto anche peggio perché poi il mio corpo sta male, è appesantito, non perdo peso come vorrei, continuo ad anestetizzarmi col cibo, ma non serve a nulla...Voglio imparare a sentire le emozioni, anche quelle faticose, senza cancellarle col cibo, voglio che mi basti di meno di porzioni, la giusta quantità, aggiustare la dose se no mi viene mal di stomaco, rallentare mentre mangio, assaporare ogni boccone così come posso assaporare la vita, con tutte le sue sfumature di grigio! È bello sentire tristezza e non buttarsi a capofitto sul cioccolato..."

Anziché cercare di allontanare le sensazioni negative col cibo, possiamo accettare di sentirci male ed essere in grado di convivere con quel malessere per un po' di tempo. È normale provare tristezza, rabbia, noia, ansia: imparare a vivere con le emozioni negative anziché eliminarle col cibo significa accettazione radicale, cioè concentrarsi sulle cose così come sono invece che su come noi vorremmo che fossero, significa accettare le situazioni totalmente senza combatterle con armi sbagliate o disfunzionali. Per evitare la fame nervosa, possiamo rimanere presenti nel momento, come insegna la Mindful Eating, facendo attenzione a ciò che sta comunicando il corpo. Notare le sensazioni interne, propriocettive, e le sensazioni che regala il cibo con tutti i 5 sensi, aiuta a rimanere in contatto con ciò che sente e fa il proprio corpo, anziché lasciare che le mani afferrino automaticamente il cibo. Ci tengo a precisare e sottolineare che la Mindful Eating è solamente una pratica, una possibile tecnica, ma non è l'unica, per alcune persone può arrecare benefici e migliorare notevolmente il rapporto col cibo, ma per altre persone può non essere adeguatamente efficace, e certamente non è 'LA' soluzione! Ogni persona deve trovare la strada di rieducazione alimentare e la modalità di relazione col cibo più adatta e più funzionale per sé stesso, non esiste una singola modalità che possa andar bene per tutti poiché ognuno di noi è diverso dagli altri. Ma soprattutto, ricordate, Mindful Eating è una pratica, va esercitata con passione e costanza, richiede allenamento, e a volte funziona unicamente all'interno di un percorso terapeutico di affidamento.

Concludo questo capitolo sulla Mindful Eating con la dedica di merito della tradizione buddhista: auguro a tutti noi di liberarci da ansie e paure legate al mangiare, di provare agio e soddisfazione, di provare appagamento mentre nutriamo il nostro prezioso corpo e di apprezzare questo fisico unico, vitale e speciale. Possano i nostri cuori essere felici e appagati, i nostri corpi sazi e armoniosi, le nostre menti libere e leggere mentre percorriamo il sentiero della vita.

"Credi che la pace richieda la fine della guerra? O che le tigri mangino solo verdura? La pace richiede forse l'assenza del tuo capo, di tua moglie, da te stesso? Pensi che la pace arriverà in qualche altro luogo, se non qui? In qualche altro momento, se non ora? In qualche altro cuore, se non nel tuo? La pace è questo momento senza giudizio. Tutto qui. Questo momento nello spazio del cuore dove tutto quello che c'è, è benvenuto. La pace è questo momento senza credere che dovrebbe essere in qualche altro modo, che dovresti provare qualcosa di diverso, che la tua vita dovrebbe realizzarsi secondo i tuoi piani. La pace è questo momento senza giudizio, questo momento nello spazio del cuore dove tutto quello che c'è, è benvenuto."

~ Dorothy Hunt

5. AMARSI E GUSTARE LA VITA

"Dimmi che cosa posso fare per non vivere ancora a metà, io ho cominciato già a sperare, trova un motivo per cambiare, ma già domani ricomincerà la solita insoddisfazione. Che cosa cerchi, che cosa cerchi in un mondo che non è come vuoi, che cosa cerchi, dimmi in fondo cosa cerchi in questo mondo che non è come vuoi."

(Cit. "Nostalgico scrittore" Ultimo)

Entrare nella vita di un'altra persona è sempre un grande onore, un'avventura appassionante, osservare la storia di un altro individuo è sempre entrare in un territorio che non ti appartiene, chi me ne dà il permesso riceve tutto il mio affetto, la mia stima e gratitudine. Incontrare una persona, soprattutto in lotta con qualcosa, con sé stessa, col cibo, con chissà cosa, costringe ad uscire dai propri schemi mentali e pregiudizi, obbliga ad entrare in punta di piedi lasciandosi condurre solo dall'altro, che ci può accompagnare in un universo nuovo, sconosciuto e anche denso di sofferenza, contrasti, drammi provocanti, disagio, intriso di un dolore che interpella. E poi vedere le stesse persone che cambiano, scoprono cose nuove, sperimentano nuovi aspetti di sé, sbloccano storie familiari che si ripetono magari da generazioni ed escono dai loro copioni per esplorare nuovi territori più funzionali ed entusiasmanti. Guardare ragazze che rifioriscono come fiori a primavera regala un'emozione fortissima, quasi commuove, sentire dire certe cose al corpo fa venire i brividi. E ogni cambiamento, ogni nuova risposta al proprio malessere e alle proprie lotte, non accade per merito mio: il mio mantra recita e ripete "**è la relazione che cura**", grata alla lezione di Yalom, la cura è il processo di mettersi in gioco, di ascoltarsi, di non nascondersi più dietro al cibo, al suo controllo o al suo abuso. Attraverso la relazione terapeutica è possibile **rimuovere gli ostacoli dal proprio cammino** così che una ghianda diventi una quercia, in modo che ciascuno si sviluppi fino a divenire un adulto maturo pienamente realizzato, invece che in conflitto con l'alimentazione o con il suo corpo. Il compito della cura è rimuovere gli ostacoli che bloccano la strada della persona in lotta col cibo, in cui il problema cibo è soltanto uno degli ostacoli riconosciuti. Spesso il cibo è come uno spillo che ha bucato il palloncino che è diventata la propria vita, gonfio di tante, troppe cose, difficili o incomprensibili, e piano piano l'aria esce, durante la terapia, evitando al palloncino di scoppiare. *"Sii paziente verso tutto ciò che è irrisolto nel tuo cuore e cerca di amare le domande, che sono simili a stanze chiuse a chiave e a libri scritti in una lingua straniera. Non cercare ora le risposte che non possono esserti date poiché non saresti capace di convivere con esse. E il punto è vivere ogni cosa. Vivere le domande ora. Forse ti sarà dato, senza che tu te ne accorga, di vivere fino al lontano giorno in cui avrai la risposta." (Rainer Maria Rilke)*

L'atto di rivelarsi pienamente a un altro ed essere accettati ugualmente può essere il veicolo più efficace dell'aiuto terapeutico, oltre che vedere riconosciuta la propria storia e le vicende familiari non come un pesante fardello da cui sia impossibile liberarsi, ma come una consapevolezza che permette una crescita evolutiva libera da condizionamenti e aspettative. Non importa quanto l'esperienza dell'altro possa essere brutale, crudele, assurda, vietata o diversa: in ogni caso è possibile individuare una qualche affinità con quell'esperienza, entrando in empatia e cercando di vedere il mondo come lo vede l'altro, guardate il mondo dal finestrino dell'altra persona! Anche se a prima vista un comportamento può apparire assurdo, soprattutto nel campo dei problemi col cibo, riflettendo su cosa ci sta sotto, sui sentimenti e sugli impulsi nascosti dietro a un comportamento alimentare disturbato, è possibile trovarvi un senso, un significato relazionale e funzionale ad un qualche scopo, all'interno del proprio contesto esistenziale. A volte mi vengono dubbi sul saper offrire un qualche aiuto, quando sono con una persona non ho idee di cosa stia succedendo e mi sento incapace di dire cose utili o adeguate. Allora penso a Yalom e ricordo che la presenza, le domande, l'attenzione di un terapeuta possono offrire nutrimento in modi che non possiamo nemmeno immaginare. Un cambiamento interiore importante può verificarsi quando si forma una relazione genuina e fiduciosa con il terapeuta, quando gli individui possono rivelare qualsiasi cosa e sentirsi sempre accettati e sostenuti. Così sperimentano nuove parti di sé, non solo le parti malate, legate al sintomo, in lotta col cibo, che vedono la vita in termini di bianco e nero, ma parti in precedenza negate o distorte, parti cui anche i familiari hanno spesso negato l'accesso, rimanendo legati solo al problema alimentare che tanto preoccupa. Allora **i soggetti in terapia trasformano lo sguardo positivo del terapeuta in autostima personale**. Se penso che per confortare in terapia ci sono solo le parole, la *talking cure*, è sorprendente: niente regali, niente coccole, niente cibo, niente uscite insieme. È affascinante usare le parole, insieme alla relazione terapeutica, per ottenere risultati e scosse al sistema. Parlare con qualcuno costringe a creare una storia coerente sui propri sentimenti, a organizzare le emozioni confuse in modo che abbiano senso per un altro, a riflettere sulle cose sfogandosi con qualcuno per capire "cosa ci sta sotto" (ad esempio alla lotta col cibo?). A volte sembra di non avere niente e nessuno a cui rivolgersi a parte i biscotti nella dispensa? O che andare dritti al frigorifero, al wc o al digiuno sia l'unica via per cercare conforto? Ma il frigorifero è solo un grande contenitore freddo pieno di cibo (come dice Susan Albers), il cibo da evitare o di cui abbuffarsi è un metodo di soluzione fallimentare, come mettere un cerotto su una ferita enorme.

La terapia deve essere focalizzata sull'insuccesso della persona nell'espressione del suo io, sugli strumenti e sui concetti inadatti per organizzare ed esprimere i suoi bisogni, e sul senso di smarrimento nell'affrontare gli altri; essa è un tentativo di correggere i difetti concettuali e le distorsioni, il profondo senso di insoddisfazione e di isolamento, l'idea esclusiva di risolvere e affrontare tutto con il cibo - proibito o da mangiare all'infinito - e con la fissazione sul corpo, nonché la convinzione di non essere buone a nulla. Il terapeuta deve aiutare la persona a scoprire il carattere erroneo di questi convincimenti, deve permetterle di riconoscere di essere dotata di essenza e valori propri e di non aver bisogno della tesa e faticosa sovrastruttura di iper-perfezione artificiale, soprattutto di non aver bisogno del cibo o del corpo per gestire qualsiasi aspetto dell'esistenza o per comunicare con gli altri. A mio avviso è davvero difficile lavorare su questi aspetti a livello individuale e soprattutto mi chiedo: ma queste premesse sono parte costitutiva della persona, che è nata dotata di esse come un corredo cromosomico, o piuttosto non sono il risultato di un apprendimento? Infatti, dice Bateson, gli aggettivi che vorrebbero descrivere caratteri individuali in realtà non sono strettamente applicabili all'individuo, ma descrivono piuttosto scambi tra l'individuo e l'ambiente materiale e umano che lo circonda. Nessun uomo è dipendente, fatalista o perfezionista nel vuoto. Una sua caratteristica, qualunque essa sia, non è propriamente sua, ma piuttosto di ciò che avviene tra lui e qualcos'altro o qualcun altro.

Le persone sono, in genere, molto provate dal problema cibo e quando entrano in terapia hanno compiuto molti sforzi nel tentativo di liberarsene e sembrano avere esaurito tutte le loro risorse. Oscillano tra il sentirsi in qualche modo responsabili (a volte sono stati biasimati da qualcun altro, professionisti compresi) e l'attribuire l'insorgenza dell'anoressia o del Binge Eating ad eventi esterni, quali una dieta o una delusione amorosa. È importante concentrare l'attenzione e raccogliere informazioni sulla struttura della famiglia, sulla fase del ciclo vitale che sta attraversando, sui rapporti transgenerazionali e sul funzionamento della famiglia e dei suoi membri. Al sintomo viene frequentemente attribuito, sia dalla paziente che dai suoi familiari, il significato di un difetto di volontà, un "vizio", ascrivibile ad una sorta di debolezza psicologica tutta individuale. Attraverso un lavoro di esplorazione è possibile individuare le connessioni tra il sintomo, l'emergenza soggettiva e le interazioni familiari allo scopo di costruire una lettura plausibile, che restituisca comprensibilità a ciò che appare incomprensibile o relegato nei confini angusti di una debolezza individuale. Chi si occupa di persone in lotta col cibo necessita una profonda comprensione per la terribile rete di dolore in cui sono intrappolate, le dinamiche familiari e i giochi relazionali che sostengono il sintomo da una vita, un'elevatissima capacità di accettazione e compassione nei confronti della loro sofferenza e un instancabile sostegno per aiutarle a trovare la forza interiore che possiedono, ma non riconoscono, per arrivare alla guarigione.

Cosa è necessario per arrivarci? Conoscere e capire noi stessi ha un'importanza cruciale, così come capire e accettare la nostra storia e le nostre origini, ma c'è qualcosa che è ancora più essenziale per vivere bene: amare noi stessi. Quando mai o quanto spesso riusciamo a **metterci per primi nella lista**? Forse pensiamo che viene prima il lavoro, il rendimento, la performance, i figli, il marito, i genitori, gli amici, con la paura che se mettiamo noi stessi come i primi nella lista delle priorità ci sentiremo in colpa, più nessuno ci vorrà, tutti ci abbandoneranno oppure saremo semplicemente in colpa perché ci sembra egoistico...Volete che gli altri abbiamo solo i "rimasugli stropicciati" di voi stessi, stanchi e stremati perché relegati sempre in fondo alla lista, o la migliore versione di voi? Chiedere ciò di cui si ha bisogno è una delle cose più coraggiose che si possano fare, figuriamoci permettersele da soli. La radice della parola coraggio è *cor*, cuore in latino. Quindi coraggio significa entrare in contatto con quello che c'è veramente nel nostro cuore e farlo o dirlo. Il coraggio comporta mettere in pericolo la nostra vulnerabilità, perché significa mostrare cosa abbiamo dentro o cosa desideriamo. Ogni volta che scegliamo il coraggio, facciamo stare meglio tutti quelli che ci circondano, perché se stiamo meglio noi anche gli altri ne beneficiamo per riflesso, e rendiamo il mondo un po' più coraggioso. Dobbiamo abbandonare il mito dell'autosufficienza, l'idea di farcela da soli, come se avere successo ed essere abbastanza sia sinonimo di indipendenza dagli altri. Come se solo quelli deboli abbiano bisogno di aiuto. Molti di noi sono disposti a dare una mano agli altri, ma siamo assai restii a chiedere aiuto quando ne abbiamo bisogno. Personalmente, offrire continuamente aiuto aumenta la mia autostima, ma quando durante i miei crolli ho avuto bisogno di aiuto, ho cercato anche io qualcuno che mi tenesse la mano, mi ascoltasse e mi desse consigli o sostegno, anche quando non sembra necessario e forse pensiamo di potercela fare da soli. Come esseri umani siamo predisposti alla connessione e alla relazione, dal momento in cui nasciamo abbiamo bisogno di relazioni per crescere, fisicamente ed emotivamente. Le relazioni ci plasmano, le famiglie di origine sono lo stampo da cui veniamo fuori e che ci descrivono. Siamo dei sistemi interconnessi. Oggi pensiamo di essere connessi a qualcuno soltanto grazie alla tecnologia, che sta diventando un falso surrogato delle relazioni umane, facendoci sentire in connessione quando non lo siamo veramente o almeno non nel modo in cui desideriamo, cioè sentendoci visti, sentiti e apprezzati con intensità emotiva palpabile, con il corpo, la presenza fisica. In un mondo in cui i social media ci connettono tutti, siamo più sconnessi che mai, perché nel profondo desideriamo una interazione reale e dal vivo.

A volte pensiamo di poter entrare in relazione solo se siamo perfetti, altrimenti ci chiudiamo nelle nostre paure e nelle nostre ansie, che possono manifestarsi nel tentativo di perdere peso per sentirsi meglio con gli altri o nel mangiare tanto perché non ci sentiamo degni di relazioni soddisfacenti. Ogni giorno possiamo scegliere se il nostro vero sé sia visibile oppure no, possiamo lasciarci alle spalle chi pensiamo di dover essere e abbracciare chi siamo davvero, con questi chili punto e stop, con questi difetti inclusi nel pacchetto, con il coraggio di essere imperfetti e concedendoci di essere vulnerabili. Ogni giorno la società e i media ci bombardano di immagini e messaggi che ci dicono chi, cosa e come dovremmo essere. Siamo portati a credere che per non sentirci inadeguati dovremmo condurre una vita semplicemente perfetta e avere un fisico da modella. Così, la maggior parte di noi continua ad andare avanti pensando *"cosa succederà se non riuscirò a tenere tutti questi birilli in aria? cosa penserà la gente se fallirò o rinuncerò? quando posso smettere di cercare un corpo ideale?"*. Invece si può svegliarsi ogni mattina pensando: *"Non importa cosa riesco a fare e cosa resta ancora da fare, io sono abbastanza. Non importa quanto peso o quanto mangio"*. E andare a letto la sera pensando: *"Sì, sono una persona imperfetta e piena di debolezze, e qualche volta ho paura, oggi ho mangiato male e non ho un corpo esente da difetti, ma questo non cambia il fatto che sono anche una persona di valore e merito amore e rispetto, da me stesso e dagli altri."* Una sociologa americana, Brenè Brown, si è messa a studiare le caratteristiche delle persone che accettano l'imperfezione e la vulnerabilità, le persone che si sentono degne di essere amate nonostante i loro difetti. Sono persone autentiche che hanno il coraggio di **abbandonare il loro sé ideale per abbracciare senza remore e senza condizioni il loro sé reale.** A volte scegliere di essere veri anziché apprezzati significa tutt'altro che andare sul sicuro, significa uscire dalla propria zona di sicurezza, dalla propria area di comfort. La cosa davvero difficile e davvero straordinaria è **abbandonare l'idea di essere perfetti e cominciare a diventare sé stessi.** Le nostre imperfezioni non sono inadeguatezze: servono a ricordarci che siamo tutti in questa situazione. *"C'è una crepa in ogni cosa. Ecco come entra la luce"* recita Leonard Cohen. Le emozioni più potenti che viviamo hanno estremità molto acuminate, come delle spine. Quando ci pungono ci sentiamo a disagio, soffriamo addirittura. Solo aspettarsi o temere queste sensazioni può scatenare in noi una paura insopportabile. Sappiamo che sta arrivando. Allora ci buttiamo a capofitto sul cibo, per cercare un intorpidimento cronico, potente e compulsivo accompagnato all'attenuazione delle sensazioni. Spesso, la prima reazione al dolore di queste punte acuminate che sono le emozioni difficili non è accettare il disagio e cercare di attraversarlo, ma respingerlo. Lo facciamo diventando insensibili e attenuando il dolore con tutto ciò che ci offre un rapido sollievo. Possiamo anestetizzarci con un sacco di cose, e il cibo è una di quelle che ci intorpidisce meglio e ci fa stare subito meglio, pensiamo illusoriamente. Ma ci rendiamo conto che quando stiamo usando il cibo per nasconderci o fuggire la realtà delle nostre vite, in realtà non abbiamo risolto proprio niente?

Quando non usiamo il nostro talento per coltivare attività soddisfacenti e invece ci rifugiamo nel cibo, che sia col digiuno, con il mangiare troppo o con l'ossessione sul corpo, arrivano i problemi. Ci sentiamo alienati e schiacciati da sensazioni di vuoto, frustrazione, risentimento, vergogna, delusione, paura e persino dolore. L'insicurezza mina il processo di ricerca del nostro talento e la nostra volontà di condividerlo. I pensieri negativi su noi stessi ci incalzano con la lista dei "dovresti", il grido di battaglia del perfezionismo, del compiacere gli altri e di dimostrare ciò di cui siamo capaci, di essere in forma e ogni giorno dell'anno pronti per la prova costume. Per sconfiggere l'insicurezza e la lista dei dovresti, dobbiamo cominciare a capire cosa ci spaventa, cosa c'è nella lista di "dovresti", chi lo dice, perché? Molti di noi hanno creato inconsapevolmente/permesso inconsapevolmente/ricevuto una lunga lista di prerequisiti per essere meritevoli: sarò meritevole quando avrò perso 10 chili, sarò meritevole se riesco a tenere in piedi il mio matrimonio, sarò meritevole quando avrò un contratto stabile, sarò meritevole quando i miei genitori mi approveranno, sarò meritevole se lui mi richiama e mi chiede di uscire, sarò meritevole se tutti pensano che sono un bravo genitore, sarò meritevole quando riuscirò a fare tutto e sembrerà che io non mi stia nemmeno sforzando, quando mangerò sano ed equilibrato ad ogni pasto. Superare l'insicurezza significa credere di essere abbastanza e lasciare alle spalle quello che dovremmo essere e come dovremmo definirci secondo il mondo. *"Non chiedetevi quello di cui il mondo ha bisogno. Chiedetevi quello che vi rende vivi e fatelo. Perché il mondo ha bisogno di persone vive"* (Howard Thurman).

Nell'anno dei miei 40 anni, in una sorta di crisi di mezz'età che casca a fagiolo, mi sono imbattuta per caso (forse tramite i social, a volte il destino ci fa trovare le cose quando ne abbiamo bisogno, come afferma un'antica massima buddista *"Quando lo studente è pronto appare il maestro"*) nel libro *"Illumina il tuo lato oscuro"* di Debbie Ford. In questa rivoluzionante lettura ho trovato scritte tutte le cose più vere che avrei desiderato comunicare ai miei pazienti: ecco allora che voglio che facciano parte anche di questo libro, come preziosi insegnamenti per porre termine alle lotte col cibo. Scrive Debbie Ford, ma potrebbero essere le stesse parole di qualsiasi affamato o di chi si affama: "Avevo sofferto per tanti anni nel tentativo di diventare una persona migliore, volevo acquisire sicurezza e credere in me stessa, avere il coraggio di chiedere quello che volevo e di cui avevo bisogno e di vivere una vita che contasse. Volevo svegliarmi la mattina col sorriso sulle labbra e sapere che ero amata, che valevo e che avevo il mio posto nel mondo". Sembra senza senso che qualcuno possa affamarsi fino allo stremo delle forze, mangiare fino a scoppiare, fare anni e anni di terapia, cercare di avere un fisico perfetto o nascondersi nel grasso, digiunare stoicamente o mangiare per sedare ogni sentimento, anestetizzarsi con l'assenza o con l'abuso di cibo e continuare a odiare sé stesso. Tutto quel tempo, tutta quella fatica, tutto quell'impegno nel controllare l'alimentazione, nel perdere peso o nel cercare conforto nel cibo e ancora essere insoddisfatti di sé stessi e non piacersi per niente. Allora come è possibile cambiare il modo di vedere noi stessi? Così che diventi vero per ciascuno ciò che dice il poeta persiano Rumi *"Dio mi è testimone, quando vedrai la tua bellezza, sarai l'idolo di te stesso"*. James Hillman scrive: *"Noi nasciamo con un carattere, che è dato; che è un dono, come nella fiaba, delle fate madrine al momento della nascita"* (dopo aver avuto i miei figli, mi sto sempre più convincendo di ciò, sono troppo diversi per spiegare questa loro incredibile differenza in base al mio variegato e mutevole modo di relazionarmi con loro). Scoprire il dono con cui si nasce, lo scopo della propria vita, è un processo: richiede tempo e la capacità di sbucciare uno per uno i diversi strati che nascondono le nostre uniche impronte. Ognuno di noi ha qualcosa che nessun altro ha su questo pianeta, anche se non vi sembra vero e pensate di non avere nulla di così speciale o importante. Ricordate che la vostra vita ha un perché. Non è necessario rimanere prigionieri di vecchi schemi e comportamenti, si possono cambiare amici, partner e professione, diete e comportamenti alimentari, tutte le volte che è necessario finché non arriviamo in un luogo che ci fa stare bene e che esprime il nostro essere in pienezza. Tutti siamo meritevoli e degni di amore. Fidatevi di voi e siate certi che dentro di voi c'è del bello, anche se offuscato dal vostro critico interiore, dalle vostre ossessioni e da strati di grasso. Andate oltre le vostre fissazioni, oltre le lotte col cibo e assumete l'impegno di vivere la vita che amate. Concedetevi il permesso di avere tutto ciò che desiderate, e non mi riferisco ad un fisico perfetto o ad un cibo delizioso...riempitevi di amore verso voi stessi. Quando ci togliamo la maschera che cela la nostra vulnerabilità e le nostre debolezze ci troviamo faccia a faccia col nostro vero io, con noi stessi così come siamo. Non cercate di ottenere la perfezione perché il desiderio impossibile di raggiungerla ci fa erigere difese che diventano la nostra gabbia. Cercate invece di fare pace con voi stessi e di conseguenza col cibo, integrando la luce e l'oscurità che coesistono in tutti noi: *"Se una via verso il meglio esiste, è quella che esige una conoscenza profonda del peggio"* (Thomas Hardy). Tutti noi abbiamo la tendenza a vedere le cose come bianche e nere, questo vale in particolare per chi lotta col cibo come ho già sottolineato, ma in ogni cosa c'è il buono e il cattivo, la luce e l'ombra. **La vita è un breve viaggio prezioso e la nostra relazione più importante è quella con noi stessi, con il nostro essere completo e imperfetto, magro o grasso**, stra-sazio o affamato. Tutto ciò che potete fare è impegnarvi a vedervi e amarvi per quello che siete, e la pace col cibo verrà come naturale conseguenza! Spesso, e questo nell'anoressia è sempre vero, ci facciamo l'idea che il modo migliore per essere accettati sia nascondere gli aspetti indesiderabili di noi stessi: il sogno è essere perfetti per essere amati. Chi lotta col cibo pensa che tutti i suoi problemi vengano dal fatto di avere un fisico sbagliato, un corpo non ideale, pensando che questo sia la causa della propria insoddisfazione e infelicità. Cade nella trappola del "Se solo...": se solo fossi così tutto andrebbe a posto e io starei bene, "Se solo fossi tot chili in meno...", "Se solo avessi la pancia piatta...", "Se solo avessi le gambe snelle...", "Se solo fossi più attraente...", "Se solo avessi un corpo così e così...", "Se solo fossi perfetta...". Ma questa autoillusione non può durare a lungo, come ho già ampiamente mostrato. Cercare di essere perfetti ha un prezzo eccessivo.

"Sono umano e niente di ciò che è umano mi è estraneo": questa frase di Terenzio mi piace tantissimo e mi ha permesso di svolgere il mio lavoro di terapeuta con partecipazione ed empatia. Ciò che davvero esiste dentro di noi sono le migliaia di qualità e tratti che compongono ogni essere umano, solo che alcune hanno un volume più alto di altre. Se siamo disposti a guardarci bene in profondità, scopriamo che abbiamo dentro di noi tutto quello che vediamo negli altri: quando un paziente mi confida un aspetto di sé o una sua azione che considera particolarmente riprovevole, dico spesso "Benvenuto nella razza umana!". "È così che NOI siamo fatti!", rassicuro usando il noi, grata agli insegnamenti del grande Yalom, sottolineando l'ubiquità di certi sentimenti e impulsi, tentando di normalizzare il lato oscuro in ogni modo, così da poter consentire loro di smettere di flagellarsi. Non è

saggio giudicare mai nessuno senza prima mettersi nella sua pelle. Possiamo imparare a provare amore e compassione per ogni aspetto di noi stessi. Pensate a voi stessi come ad un castello, con lunghi corridoi e migliaia di stanze. Ogni stanza rappresenta un aspetto del vostro Io e ha qualcosa da dirvi o da darvi. Però, crescendo vi hanno insegnato che, se volevate avere un castello perfetto, avreste dovuto chiudere a chiave alcune stanze. Per avere accettazione vi siete affrettati a farlo, e così piano piano avete chiuso a chiave un numero sempre maggiore di stanze fino a ritrovarvi in una gabbia. Questa gabbia è formata dai limiti che ci auto-imponiamo, dalle nostre paure, dai dubbi su noi stessi, dalle regole della nostra famiglia. Nelle lotte col cibo la gabbia è fatta dalle ossessioni, dalle regole alimentari, dalle convinzioni su ideali estetici o su regole alimentari. Con tutti i consigli che vi venivano dispensati su come dovrebbe essere un castello perfetto, vi siete ritrovati a dare ascolto agli altri, alla vostra famiglia, alla società, ai mass-media, piuttosto che ascoltare la vostra voce interiore, che vedeva il castello in tutta la sua magnificente interezza. In realtà dentro di voi c'è un numero infinito di stanze e può arrivare un punto nella vita in cui l'insoddisfazione ci spinge a metterci alla ricerca di tutte le stanze perdute, che ora giacciono piene di polvere e di ragnatele. Possiamo fare pace con noi stessi solo aprendo tutte le stanze del castello e accogliendo la vastità di ciò che siamo, con le cose belle e le più brutte, i pregi e i limiti, ma ritrovando la nostra unicità. I miei ruoli nella vita mi obbligano a mettere in gioco tutta me stessa. Non possiamo mettercela tutta se usiamo solo alcune parti di noi stessi. La bambina di dieci anni che c'è in me (quella timida e con la testa bassa, coccolona, insicura e sognatrice) mi è servita nella vita almeno tanto quanto la psicologa self-confident che c'è in me. *"Sono vasto, contengo moltitudini"* dice Walt Whitman e afferma Carl Jung: *"La vostra visione diventerà chiara solo quando guarderete nel vostro cuore. Chi guarda all'esterno, sogna; chi guarda all'interno si sveglia".* Ogni nostra qualità ha bisogno di venire accolta e compresa, per eventualmente poterci lavorare sopra se qualcosa non ci aggrada, per scegliere di cambiare consapevolmente un certo aspetto della vostra vita, interiore o esteriore. Non è mai troppo

107

tardi per essere l'idolo di voi stessi, ogni parte del vostro essere ha qualcosa da donarvi. Vi sembrano parole assurde e mai raggiungibili? Forse sono molto difficili, ma non impossibili...altrimenti non spenderei la mia vita nel fare questo mestiere e non starei qui a impegnare il mio tempo battendo le dita su di una tastiera per farvelo sapere!

Le qualità che ci creano problemi, quelle che non riusciamo ad accettare, hanno carica elettrica, cioè se vediamo persone che posseggono una di queste caratteristiche è come se essi inserissero la spina direttamente nella nostra presa. Quando odiamo un aspetto di noi, riceviamo una scossa emozionale nel vederlo in un altro. Quando facciamo pace con noi stessi, guardando con benevolenza i nostri aspetti irrisolti, le qualità che vediamo negli altri e che ci creano indignazione non riescono più a inserire la spina nella nostra presa. In ciascuno di noi si nasconde un tesoro d'oro massiccio (come nella storia del Buddha d'oro, in cui la statua d'oro del Buddha fu rivestita di terracotta per proteggerla dai furti durante un suo spostamento), ma l'oro è stato rivestito con una dura crosta d'argilla, che siano chili in eccesso, ossessioni e compulsioni sul cibo, fissazioni sul corpo. Anche se il fine ultimo di tutti è liberarsi del proprio guscio, prima si deve comprendere il motivo per cui ce ne siamo ricoperti e per cui indossiamo questa maschera. Affermare "Ho il controllo sul cibo" oppure "Mi rifugio nel cibo" permette di nascondere il proprio senso di inadeguatezza e dà l'illusione di essere a posto, creando una copertura per molte emozioni nascoste. Una volta intravisto l'oro attraverso le crepe, potete lasciar cadere il guscio, vedendolo semplicemente come qualcosa che è servito a proteggervi. Non siete obbligati ad apprezzare tutte le vostre qualità, ma se siete disposti a riconoscerle come appartenenti a voi stessi, potete sfidare la persona che pensate di essere e rivelare la persona che siete in grado di diventare! Fate delle vostre ferite una fonte di saggezza, invece di serbare rancore per tutti i vostri comportamenti disfunzionali, relativi al cibo e non, provate a individuare dove vi hanno condotto, cosa vi hanno insegnato. Per essere davvero persone autentiche dobbiamo permettere agli aspetti del nostro io che amiamo e accettiamo di coesistere con tutti quelli che giudichiamo male e rifiutiamo, che ci hanno fatto male. Così potremo levarci la maschera e capire che la nostra opinione di noi stessi è la più importante in assoluto: se siamo contenti della nostra vita difficilmente ci preoccupiamo di quello che dicono gli altri, **il confronto è il ladro della felicità!** Quando siamo soddisfatti di noi stessi, non facciamo confronti. Spesso vediamo solo gli aspetti migliori delle vite degli altri, come mostrano le vetrine dei negozi o dei social, come immagini ritoccate da photoshop, mentre ci ricordiamo continuamente del dietro le quinte della nostra, della nostra fatica, delle nostre crisi, dei problemi col cibo, del nostro corpo flaccido. Se stringerete amicizia con voi stessi, potrete perdonare tutto ciò che odiate di voi e spalancare un mondo, la totalità del vostro essere, vedendo anche la vostra vita come un montaggio delle scene più belle di un film, senza concentrarvi su ciò che non funziona a dovere, ma trovando quella pace interiore che è la ricerca che ci accompagna per tutta la vita, riappacificandovi con il vostro passato. A volte la sofferenza viene tramandata di generazione in generazione, e se tutto questo non viene messo in dubbio, non riusciremo mai a spezzare il ciclo e a vivere il futuro liberi e consapevoli delle nostre scelte e convinzioni. Come sistemica, uso spesso il genogramma (una sorta di albero genealogico per descrivere e conoscere la storia della famiglia): esso permette di riconoscere i pesi e i macigni che ciascuno si porta dietro dalla sua storia, dalle sue famiglie d'origine, nello stesso tempo rende consapevoli di come possiamo scrollarci di dosso tutto questo passato e riappropriarci della nostra storia, riscriverla secondo un copione a noi più congeniale. Le sfide che incontriamo nella vita possono farci comprendere cose che ci aiutano a liberarci da un passato che soffoca noi stessi, da storie in cui ci sentiamo intrappolati. È dura ritrovarsi "bocconi", steso al tappeto come un uomo sul ring, ma se si aprono gli occhi mentre si è stesi a terra e ci si guarda attorno per un istante, si ha una prospettiva completamente diversa del mondo e si vedono cose che, quando si è in piedi, non si notano. Guardatevi alle spalle, vedete il vostro passato pieno di ferite e sofferenze, di automatismi negativi col cibo, e non solo, di scelte sbagliate: potete capire che senza tutte quelle esperienze e senza tutto quel dolore, senza quell'oscurità che vi siete portati dietro per tanti anni, non sarete in grado di essere le persone vere che siete oggi. Ognuno di noi è unico e noi tutti abbiamo da compiere un viaggio speciale che è tutto nostro. Spesso le ragazze che hanno problemi col cibo si sentono uniche, diverse e speciali per il loro comportamento alimentare, per il fatto di non avere il corpo inquinato dal cibo nelle modalità restrittive ad esempio, oppure per il fatto di avere il cibo come unico piacere nella piattezza delle giornate nel Binge Eating. Non vogliono sentirsi una margherita tra le tante, pretendono di essere magre e di mangiare diverso perché ciò dà qualcosa in più, quel quid di eccezionale. Ma questo non regala in nessun modo soddisfazione vera, di cosa vanno fiere oltre alla loro capacità di restrizione o di godimento col cibo? Di niente! Sono state sequestrate dal cibo e dalle fissazioni sul corpo, non riescono a liberarsi dai sensi di colpa, constatando che il cibo ha promesso e fatto provare tante cose belle, ma sono false, come il richiamo delle sirene di Ulisse. Come è riuscito lui a salvarsi? Non tappandosi le orecchie, ma legandosi: è possibile riflettere sui benefici a breve e lungo termine dati dal cibo e scegliere un'altra direzione di viaggio, guardando alla storia passata con compassione e perdono. Perché se la sono prese col loro corpo? Cosa e perché ha fatto aprire in loro una voragine esistenziale che hanno colmato erroneamente col cibo? Non è necessario trovare una risposta giusta e univoca, la soluzione è considerare ogni vicenda dolorosa del passato, ogni lacrima, ogni lotta interiore o col cibo come un modo per portare un po' più vicino alla realizzazione di sé stessi...Possiamo mettere da parte i nostri giudizi impietosi e farci una ragione degli errori che abbiamo fatto, il perdono è il passo più importante sul sentiero dell'amore di sé. Trovare amore per tutto ciò che siamo è il lavoro più complesso che possiamo mai incontrare, forse ci metteremo tutta la vita per realizzarlo, ma se non siamo disposti a farlo non riusciremo mai ad avere cura di noi, a impegnarci a mangiare bene, a perdere peso o a prenderlo. Provate ad esempio a chiedervi oggi: cosa potrei mangiare per prendermi davvero cura di me stesso, come un bambino che ha soltanto bisogno del mio amore? Diventate importanti per voi stessi!

"La terapia non è conclusa fino a quando i pazienti non hanno riscritto le proprie storie in modo da conferire alle proprie vite qualità di coerenza, empatia e sicurezza. Soltanto dopo essi potranno creare per sé stessi nuovi copioni e, dal momento che saranno diventati in grado di cambiare i vecchi pattern e di agire in maniera diversa rispetto al passato, potranno iniziare a improvvisare, ovvero rischiare di fondare le proprie azioni su nuove situazioni invece che su vecchi miti". Mi piace concludere il capitolo con queste parole di Byng-Hall, riferite alla conclusione di una terapia. Spesso mi chiedo e mi chiedono (e lo chiedono anche le madri e le famiglie che mi si rivolgono in cerca di aiuto): nei disturbi alimentari, nei problemi col cibo, cosa significa 'stare meglio'? Il puro e semplice aumento di peso da solo, o lo smettere di vomitare, o il perdere tot chilogrammi e smettere di abbuffarsi, hanno un valore limitato come criteri per valutare la guarigione, per quanto desiderabili possano essere come primi passi. Altre questioni sono di importanza ben maggiore. Soprattutto, i disturbi del comportamento alimentare chiamano prepotentemente in causa la persona e i suoi equilibri emotivi e relazionali, la sua famiglia, i sistemi di significato condiviso, in particolare quelli relativi al cibo, importanti per l'identità di una famiglia e fondanti i suoi rapporti e il 'noi' familiare. Per questo sento necessario lavorare sulle relazioni, coinvolgere a volte l'intero nucleo nell'intervento terapeutico, o invitare alcuni membri significativi in seduta, riflettere sui copioni che contengono le aspettative condivise dai membri della famiglia sul modo in cui i ruoli devono essere rappresentati. L'importanza di dare spazio alla lettura delle dinamiche relazionali e alla creazione di nuovi modelli di relazione è sottolineata nel modello sistemico cui mi riferisco professionalmente. Ciò che mi colpisce e che mi stimola a lavorare secondo tale modello è l'osservare come sia molto più semplice e utile aiutare il paziente a riscrivere la sua storia e a creare nuovi copioni, a prevedere e improvvisare soluzioni diverse da quelle del passato - come dice Byng-Hall -, attraverso un intervento tempestivo sul significato del problema alimentare nel contesto evolutivo e relazionale e sulla funzione del sintomo nelle dinamiche familiari e nel mondo interno del soggetto (continuare senza sosta a fare la stessa cosa

aspettandosi risultati diversi è ciò che Rollo May definisce la follia). Focalizzarsi sul problema alimentare e addentrarsi sulle fissazioni su corpo e cibo, concentrare l'attenzione sul peso e sui modelli alimentari, manifestazioni del sintomo che spesso le pazienti sbandierano come prioritarie e sulle quali intervenire, a volte non fa altro che cronicizzare il disturbo, facendo identificare nel sintomo, rafforzando dinamiche conflittuali patologiche tra genitori e figli che ne derivano, nonché perpetuando i propri meccanismi interni di soluzione dei problemi, cancellando la vita e pensando solo a cibo e corpo. *"Non ci sono segnali che indicano la strada quando ti avventuri in un territorio sconosciuto, c'è solo da esplorare e scoprire. Quando stai camminando attraverso la giungla, non sai se ti trovi a 3 giorni o a 30 minuti di cammino dalla civiltà. Tutto ciò che puoi fare è continuare. L'unica via per uscirne è andare avanti"* (Gary John Bishop).

A volte qualcuno mi chiede se non sia pesante e frustrante trattare con questo genere di problemi: devo ammettere che spesso lo è, ma ciò non mi fa perdere la voglia e la passione di andare avanti, sostenuta dai risultati che vedo, a volte piano piano, con fatica, con pazienza. Laddove vecchi miti e vecchie modalità di affrontare le vicende, problemi col cibo che durano da anni e anni, sembrano tenere prigioniera la persona in una strada senza via di uscita, la relazione terapeutica, soprattutto allargando il punto di visuale e includendovi la famiglia, apre nuove prospettive, facilita il cambiamento di punti di vista e di soluzioni ai problemi, e soprattutto permette a me come terapeuta di aiutare chi mi sta di fronte a improvvisare nuovi, funzionali e virtuosi modi di affrontare la vita, che non siano le lotte col cibo.

"Lascia andare i modi in cui pensavi che si sarebbe svolta la tua vita: l'attaccamento ai piani, ai sogni o alle aspettative - lascia andare tutto. Conserva le forze per nuotare con la marea. La scelta di combattere ciò che hai ora di fronte avrà come risultato solo fatica, paura e tentativi disperati di fuggire da quella stessa energia che tanto desideri. Lascia andare. Lascia che tutto vada e fluisca con la grazia che invade i tuoi giorni sia che tu la riceva gentilmente o con i peli dritti per difenderti

dagli invasori. Fidati: la mente potrebbe non trovare mai le spiegazioni che cerca, ma andrai avanti lo stesso. Lascia andare, e la cresta dell'onda ti porterà verso spiagge sconosciute, oltre ai tuoi sogni più selvaggi, alle destinazioni più impensate. Lascia che tutto vada e trovi un posto dove riposare e stare in pace, e una trasformazione certa."

~ Danna Faulds

CONCLUSIONE

"È negli occhi di chi soffre che io trovo una risposta. Non è da chi ha studiato che io accetto insegnamenti, ma da chi ha sofferto e adesso morde la vita coi denti. Vi ringrazio anche se per voi non sono nessuno, grazie perché ogni giorno mi rendete qualcuno. Vivi e non pensare ancora ai tuoi problemi...regalami un sorriso, che da oggi cambierà anche il tuo destino, ma per cominciare regalami un sorriso...A volte mi domando se qualcuno ci comanda, se sopra questo cielo c'è qualcuno che ci guarda. E l'unica risposta che mi viene in mente sempre è che se oggi siamo qui è per ridere continuamente, e allora prendi carta e penna e scrivi insieme a me. Descrivimi il tuo mondo, parlami di te. Io ora son diverso, non sono come ero, se vuoi toccare il cielo puoi arrivarci col pensiero. Ed una strofa è dedicata a chi non si accontenta. A chi c'ha avuto tutto ma ogni giorno si lamenta. Fatevi coraggio perché la vita è un grande dono, svegliatevi ogni giorno come fosse un giorno nuovo. Poi doniamo la speranza a chi non ne ha mai avuta, chiudiamo in una stanza la paura già vissuta. A volte noi vorremmo buttare via la vita, c'è chi poi semplicemente vorrebbe averne una. Vivi e non pensare ancora ai tuoi problemi, che da oggi cambierà anche il tuo destino ma per cominciare regalami un sorriso...."

(Cit. "Regalami un sorriso" Ultimo)

Ho iniziato questo libro con una canzone di Ultimo, mia grande passione, se non si è capito. Apro una parentesi: usate la musica come terapia! Invece di buttarvi sul cibo e usarlo per gestire le vostre emozioni soverchianti, o digiunare in maniera risoluta, provate a cercare una canzone che faccia al caso vostro, che sia in sintonia con la vostra emozione del momento e ascoltatela ad occhi chiusi, lasciatevi commuovere, piangete o ridete, cantate come se nessuno vi ascoltasse e ballate come se nessuno vi vedesse, forse sarà più gustoso e gratificante che svuotare la dispensa o affamarvi fino ai crampi dello stomaco. Create la vostra playlist di pronto soccorso emotivo (la mia comprende ad esempio quasi ogni canzone di Ultimo, *Sogni appesi* e *L'eleganza delle stelle* in particolare, *Fu**kin Perfect* di Pink, *Shake it off* di Taylor Swift, *Human* dei The Killers, *I giorni* di Ludovico Einaudi, *Sweet but Psycho* di Ava Max, *I lived* di One Republic, *Koad* di Yann Tiersen). Voglio terminare pure con una vecchia canzone di Ultimo...Non so se questa lettura vi avrà aiutato a trovare una risposta o ad avere una speranza, di sicuro io ho imparato tanto da chi "morde la vita con i denti" e ascoltare quando mi descrivono il loro mondo, le loro lotte col cibo, le loro personali battaglie e sofferenze mi insegna qualcosa sulla vita. Vorrei ringraziare chi si affama e gli affamati per aver così generosamente e fiduciosamente donato se stessi e aver condiviso con me la loro vita intima, la loro vergogna, le loro lotte col cibo e lotte interiori, anche se per voi non sono nessuno ogni giorno mi rendete qualcuno...Ricevere segreti, spesso mai condivisi prima, e costruire intimità è un privilegio garantito a pochi.

Cosa vorrei lasciare a tutti quanti hanno tra le mani questi fogli di carta, che siano persone con problemi col cibo o semplici curiosi arrivati per i più bizzarri motivi a leggere queste righe? Penso che l'unica cosa veramente preziosa sia la frase del ritornello *"Vivi e non pensare ancora ai tuoi problemi"*: certo, la vita ci riserverà sempre problemi piccoli o grandi, prove, difficoltà, fallimenti, insuccessi, paure, senso di insicurezza, delusioni, storie dolorose, genitori insopportabili, famiglie imperfette, ma l'unica cosa che possiamo fare è vivere, sulle montagne russe dell'esistenza! La vita è piena di piccoli intoppi e giganti ostacoli, è necessario trovare un modo per affrontarli; anche se siete abituati o schiavi nel farlo con il cibo, non sentitevi perduti. Vivere è tutto ciò che possiamo fare, al di là di digiuni, restrizioni o abbuffate, vivere anche se il cibo è diventato un problema...Se abbiamo davvero un problema serio, possiamo sempre chiedere aiuto, ma prima di tutto regalatemi un sorriso: cosa significa? Guardare alle cose con un senso di speranza e di fiducia, con la convinzione che si può cambiare, che potete farlo, se avete la motivazione. E se non potete cambiare l'oggettività delle situazioni potete sempre cambiare il vostro atteggiamento verso di esse: ad esempio, è mattina, state facendo colazione e vi si rovescia il caffè sulla camicia quando siete già pronti per uscire e magari anche qualche minuto in ritardo. Questo banale incidente può guastarvi l'umore per il resto della giornata, arrivate al lavoro ancora più in ritardo, siete nervosi, rendete male e rispondete acidamente a tutti, oppure vi cambiate la camicia e continuate la giornata come se nulla fosse successo. Il caffè è il 10% e io il 90%. Oppure un vostro caro si ammala gravemente e nessuna cura può cambiare la vicenda, potete disperarvi e cadere in depressione o stargli vicino con tutto il vostro affetto, lottando ogni giorno contro questa sofferenza disarmante. Se vi sono successe cose sulle quali non avevate alcun controllo, siete però responsabili al 100% di ciò che fate della vostra vita in seguito a quegli eventi. E anche se il 99% delle cose brutte e spiacevoli che ci accadono è colpa di qualcun altro, possiamo guardare il rimanente 1%, la parte che è responsabilità nostra, o almeno il nostro ruolo nel guardare un determinato evento in un modo piuttosto che in un altro. Creare una nuova interpretazione, inquadrare in modo diverso una vicenda o situazione, è il modo più semplice per trasformare qualcosa (ad esempio, vedere i momenti in cui ci si abbuffa non come fallimenti, ma come passi falsi, che vi aiutano a identificare ciò che non va), possiamo scegliere parole nuove per descrivere una cosa, invece delle solite, magari negative, generalizzanti, colpevolizzanti ed eterne ('sembro' al posto di 'sono', 'a volte' al posto di 'sempre' o 'mai'). Ognuno vede il mondo attraverso lenti diverse e tende a percepire un particolare episodio in modo differente. Sono le nostre percezioni e interpretazioni a influenzare le nostre emozioni e a dettare le nostre reazioni, non l'episodio in sé. Persino le nostre storie, le famiglie da cui proveniamo e il modo in cui comunichiamo e ci relazioniamo con esse, il terreno in cui siamo cresciuti, possono essere riletti in modo diverso, se proviamo a cambiare le lenti con cui da sempre interpretiamo l'universo.

Per finire, spero di avervi io regalato un sorriso, il sorriso della positività, del non sentirvi soli ad affrontare le vostre lotte e i vostri problemi col cibo, il sorriso del coraggio di affrontare la vita come se ogni giorno fosse un giorno nuovo, senza sentirsi legati ai vecchi copioni, ai soliti schemi, alle vostre abitudini disfunzionali, ai vostri genogrammi pure, segnati indelebilmente dalle vostre ferite e fragilità o intrappolati nel vostro sintomo per l'eternità, in lotta col cibo finché morte non vi separi. Certo le cicatrici rimangono, ma forse ora avete la consapevolezza che non siete solo quello, che il timone della vostra vita è in mano vostra e imparare ad amarvi è possibile! È possibile tirare fuori tutto quello che avete dentro, dare voce e parole al proprio dolore (di qualsiasi dolore si tratti), invece di scriverlo sul corpo. Potete imparare a non aver paura di quello che provate, anche se fa male, a non aver paura di sbagliare, perché se si cade ci si rialza e la perfezione non esiste, a rispettare le vostre emozioni, il vostro corpo e voi stessi. Potete imparare che nessuna dieta, restrizione o abbuffata vi porterà a risolvere i problemi, a far pace con voi stessi né ad accettarvi proprio così come siete, ma che la migliore medicina è l'amore, in primis per voi stessi, e l'ascolto autentico.

*"E quando ho incontrato me stesso mentre correvo di notte gli ho urlato di odiarlo contro e lui ha diviso le rotte, ma guarda che strana la sorte oggi che mi sento bene, io lo rincontro per strada, gli chiedo di ridere insieme...posso essere fiero di portare avanti quello che credo. Da quando ero bambino solo un obiettivo, dalla parte degli ultimi per sentirmi primo. Dimmi che cosa resta se vivi senza memoria, perdo la voce, cerco la pace, lascio che la vita viva per me, dimmi che cosa vedi quando ripensi al domani, quali domande? quante risposte? Forse domani, ripeti forse, **vivo coi sogni appesi...**"*

(Cit. "Sogni appesi", Ultimo)

RINGRAZIAMENTI

Ringrazio prima di tutto i miei pazienti, passati dal mio studio per poco o lungo tempo, ogni minuto con voi è stato prezioso e spero di avervi mostrato che una vita migliore è possibile: prendete in mano la vostra vita e fatene un capolavoro! Grazie a chi mi ha permesso di inserire un pezzo di sé tra le pagine di questo libro (in particolare Veggie, rinata dalle ceneri come una fenice).

Grazie a voi lettori, che siete arrivati fin qui e avete in mano questo frutto del mio lavoro, spero di avervi regalato un sorriso e una piacevole lettura, se volete condividere le vostre impressioni o qualsiasi cosa vi passi per la testa, sarà un onore ricevere e leggere le vostre mail: scrivete a info@spazioaiuto.it

Grazie a Stefano Cirillo, Marco Bianciardi, Teresa Arcelloni e a tutti i miei maestri sistemici, per l'esempio professionale e gli insegnamenti, senza di loro non sarei l'entusiasta terapeuta che attualmente sono...

Grazie a Valentina Giordano, per avermi fatto conoscere la Mindful Eating con la sua amorevole gentilezza e grande passione; e grazie alla dottoressa Marina Picca, per avermi dato per anni con grande disponibilità il luogo in cui svolgere il lavoro che amo.

Grazie ai miei genitori, a mia sorella Silvia e alla mia famiglia/piccolo kibbutz castanese, sono stati fondamentali e se sono diventata quella che sono è anche, ahimè, merito e colpa loro...

Grazie a Ste, vecchio, speciale e prezioso amico, per essermi stato balsamo per l'anima dal pleistocene ad oggi, e per sempre...e grazie anche agli amici straordinari, fuggevoli meteore o brillanti stelle, che ho avuto vicino nel passato, nel presente e (spero) nel futuro, mi hanno gioiosamente riempito l'esistenza.

Grazie anche a chi non riporto qui per nome: vorrei dire che vi voglio profondamente bene, vi amerò in eterno, you are my serendipity, grazie per avermi toccato la mente, il cuore, le viscere e la vita!

Grazie ai miei quattro favolosi figli, grandi antidoti al perfezionismo, sorprendenti creature misteriose e fenomenali, mi hanno fatto sperimentare smisuratamente l'amore incondizionato, mi hanno resa una persona migliore e continuano a farlo!

Infine, grazie infinitamente a Luca, marito meraviglioso, splendido amante, compagno di vita e (agro)dolce metà, che mi ha sempre pazientemente e amorevolmente supportato e sopportato in tutti questi anni (e ancora non bastano, mi auguro di continuare a contarli…), che mi ha fatto provare quella incommensurabile pienezza che nessun cibo potrà mai dare!

BIBLIOGRAFIA

- Albers S. (2016), *50 modi per vincere la fame nervosa*, Macro Edizioni

- Bateson G. (1972), *Verso un'ecologia della mente*, Adelphi Milano 1988

- Bernasconi W. (1999), *Anoressia Bulimia Obesità*, Italian University Press

- Bishop G.J. (2016), *Smettila di martellarti le palle*, Rizzoli Ed.

- Boscolo L., Bertrando P. (1996), *Terapia sistemica individuale*, Raffaello Cortina Editore

- Boscolo L., Cecchin G., Hoffman L., Penn P. (1987), *Clinica Sistemica*, Bollati Boringhieri, Torino 2004

- Brown B. (2010), *I doni dell'imperfezione*, Ultra Edizioni

- Brown B. (2016), *La forza della fragilità*, Vallardi Ed.

- Bruch H. (1977), *Patologia del comportamento alimentare*, Feltrinelli Milano

- Bruch H. (1978), *La gabbia d'oro*, Feltrinelli Milano 2003

- Bruch H. (1988), *Anoressia. Casi clinici*, Raffaello Cortina Editore

- Byng-Hall J. (1998), *Le trame della famiglia*, Raffaello Cortina Editore

- Chozen Bays J. (2018), *Mindful Eating, per riscoprire una sana e gioiosa relazione col cibo*, Enrico Damiani Editore

- Dalla Ragione L., Bianchini P., De Santis C., *Il vaso di Pandora*, Mi Fido di Te Onlus

- Dalla Ragione L., Pampanelli L. (2016), *Prigionieri del cibo*, Il Pensiero Scientifico Editore

- Fairburn C. (1996), *Come vincere le abbuffate*, Positive Press

- Ford D. (2012), *Illumina il tuo lato oscuro*, Macro Edizioni

- Giordano V. (2018), *I genitori perfetti non esistono*, Mondadori

- Jeammet P. (2011), *Anoressia Bulimia*, Franco Angeli Editore
- Libertà S. (2016), *Anoressia delle passioni*, Albeggi Edizioni
- Mian E. (2018), *Mindfoodness*, Mind Edizioni
- Minuchin S. (1976), *Famiglie e terapia della famiglia*, Casa Editrice Astrolabio, Roma
- Minuchin S. (1980), *Famiglie psicosomatiche*, Casa Editrice Astrolabio, Roma
- Montesarchio T. (2017), *Mindful Eating*, EPC Editore
- Pasqualini S. (2018), *Eat, Emozione Alimentazione Trasformazione*, IlCorpoeLaMente
- Riva E. (2014), *Il mito della perfezione*, Mimesis Ed.
- Riva E. (2008), *Adolescenza e anoressia, Corpo genere soggetto*, Raffaello Cortina Editore
- Selvini Palazzoli M. (1963), *L'anoressia mentale*, Raffaello Cortina Editore 2006
- Selvini Palazzoli M., Boscolo L., Cecchin G., Prata G. (1975), *Paradosso e controparadosso*, Raffaello Cortina Editore 2003
- Selvini Palazzoli M., Cirillo S., Selvini M., Sorrentino A.M. (1998), *Ragazze anoressiche e bulimiche*, Raffaello Cortina Editore
- Selvini Palazzoli M., Cirillo S., Selvini M., Sorrentino A.M. (1988), *I giochi psicotici nella famiglia*, Raffaello Cortina Editore
- Treasure J., Smith G., Crane A. (2014), *Prendersi cura di una persona cara affetta da disturbo alimentare. Come diventarne Capaci. Nuovo metodo Maudsley*, Seid Editori
- Watzlawick P., Beavin J.H., Jackson D.D. (1967), *Pragmatica della comunicazione umana*, Astrolabio Roma 1971
- White M. (1992), *La terapia come narrazione*, Astrolabio Roma
- Yalom I. (2002), *Il dono della terapia*, Neri Pozza Ed.
- Yalom I. (2017), *Fissando il sole*, Neri pozza Ed.

- Yalom I. (2015), *Guarire d'amore e altre storie di psicoterapia*, Raffaello Cortina Editore
- Yalom I. (2009), *La cura Schopenhauer*, Neri Pozza Ed.

"Ho il cuore che mi vola e sentiti leggera, ho colpito a duro muso la vita e lo faccio da una vita intera, non mi sento mai adatto, questi contesti indifferenti. Rido, guardo i miei difetti come fossero perfetti. Avessi gli occhi di mio padre proverei a ragionare, ma sono nato con la voglia di strafare e col bisogno di volare. Noi siamo quelli senza scuse, col passato in fiamme, quelli che parlano con tutti, ma non è niente di importante. Che le cose belle stanno dentro e meritano stelle, siamo tutti umani (ndr), cambia soltanto dentro a quale pelle. Avevo voglia di cantare, ma solo ciò che avevo dentro, sento, che tanto più mi sento vuoto e tanto più mi riempio dentro. Che ne sanno loro? Che ne sanno tutti? Io la mia vita l'ho vissuta solo attraverso i miei gusti. E pagherò un conto tra dieci anni o forse anche domani, ma vince chi si sveglia, vive, muore e spera sempre dentro le sue mani."

(Cit. "La stazione dei ricordi" Ultimo)